GEHIRN JOGGING

500x Powertraining

Sonderausgabe

© Genehmigte Sonderausgabe

Alle Rechte vorbehalten. Nachdruck, auch auszugsweise,
nur mit ausdrücklicher Genehmigung des Verlages gestattet.

Text: Jürgen Brück
Abbildungen: ROQA (Inhaber Frank Behr)
Titelabbildung: fotolia.com/raven
Gestaltung: textum GmbH, München
Umschlaggestaltung: Christian Schall

ISBN 978-3-8174-8698-4
381748698/1

Vorwort

Wer fit sein will, muss auch etwas dafür tun, und vor allem regelmäßiger Sport ist wichtig. Viele gehen ins Fitnessstudio oder zum Joggen. Doch nicht nur der Körper braucht Bewegung. Schon mal daran gedacht, auch Ihr „Köpfchen" auf eine Joggingrunde mitzunehmen? Denn unser Gehirn ist ein komplexes Organ, das herausgefordert und trainiert werden will.

Dieses Buch bringt Ihre grauen Zellen wieder auf Vordermann. Denn auch „Normalos" können durch gezieltes Lernen zum „Überflieger" werden. Gestalten Sie Ihre Trainingseinheiten mithilfe von über 500 Denksportaufgaben ganz individuell. Suchen Sie sich aus den Übungen in den Schwierigkeitsstufen Einsteiger, Könner und Profis einfach die zu Ihrem Trainingsniveau passenden aus und gehen Sie auf Ihre geistige Joggingroute.

Sie werden sehen: Bald können Sie sich Vieles leichter merken, Alltagsprobleme besser lösen und Herausforderungen gelassener meistern. Und vielleicht sitzen Sie demnächst schon in Ihrer ersten Quizshow …

Sie brauchen nur noch einen Stift in die Hand zu nehmen und schon kann es losgehen. So wird Ihr Gehirn mit Sicherheit zum Hochleistungssportler!

EINSTEIGER

Leichte Aufgaben

EINSTEIGER ★

1 Atomium

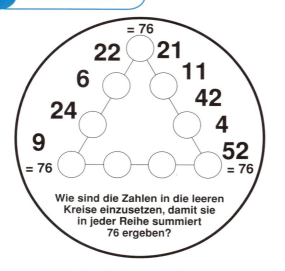

Wie sind die Zahlen in die leeren Kreise einzusetzen, damit sie in jeder Reihe summiert 76 ergeben?

2 Symbolpfad

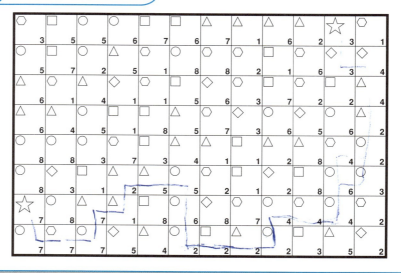

Leichte Aufgaben

3 Drudel

4 Zahlenrad

5 Sudoku Cross

EINSTEIGER

6 Streichholzrätsel

7 Nur Einer

D M C Z B	R Z Q D E	S X L P A	T E B W I	V X T D K
V F Y N Q	F J G T O	G J T Z O	H X C A Y	Z O I Y P
I E U S T	X M W S C	C Q I D E	D J U L P	C S Q H M
A J P G W	L K U V H	M Y H K F	V O M N G	J N B F E
O R H L K	I P B Y A	B N W U V	Z Q F R K	A R L U G

U A B R J	Z D J E K	L D W S A	J M S P V	D T A J O
T Q S L O	H Y V G C	M B Y O X	B C E I R	E M H N K
M K I N Y	B Q I A X	H C R T E	W Q L U A	F V U S X
D H F C G	O R T P U	K G Q U Z	K G N H X	G Q C Z Y
E X W P V	M S N L W	P N I V F	Z F D T Y	I L R B W

J T F V L	O V Z U D	Y S I C Q	K M T Z O	B G X E D
H B Y W K	T X M S A	G H U N B	L V B Q S	W M H C N
R X S G C	C Y B Q P	M E L P D	H R E W F	T L F S P
N O U P D	L N H F E	V Z K F J	D U I P Y	O A Z V U
Z A M I Q	R W J I K	A X O R W	X N J G C	Y R I J K

L W S Q O	B M D T S	S Y K J O	V U X K D	L U H O I
D U F K B	Q O H G J	D A Q N H	Z A J I R	N G S X J
A Z X T P	U E N L X	G U C T B	N H P F B	F P T W C
R I C H E	A K F R V	W I M P E	M T C G Q	E V Q M Y
V Y J G N	W Y P C Z	Z L R F X	Y E S W O	D A R Z K

B V R Z F	F Q D Z T	I B R T Y	O R M W X	B R N K X
D P E J H	B O K R U	J M W Z L	D G V F E	M W H O E
X Y C S N	C X N E P	K E N P S	I Z A U N	V F U J A
M W O Q K	A J L M S	H X V O F	C B S L P	T G Z Q L
A L G I T	W V I G H	A Q U D G	T Q K Y J	I Y P C S

Leichte Aufgaben

8 Vexierbild

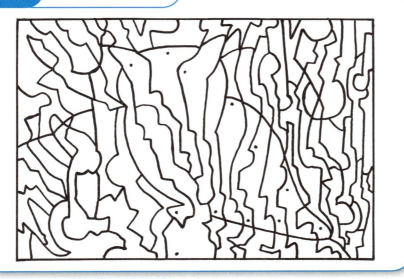

9 Silbenband

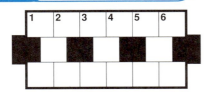

AR – DE – DE – DU – KA –
KAS – MOND – NETT – OS –
PE – TRANZ – WON

1. Bogen auf zwei Pfeilern
2. stufenförmiger Wasserfall
3. Regierungsmannschaft
4. merkwürdig, verdächtig
5. alter Name des Mai
6. Aufdringlichkeit

10 Zahlenpyramide

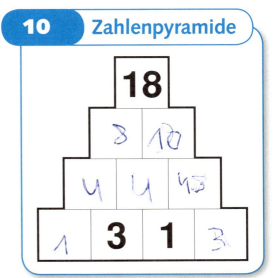

EINSTEIGER

11 Labyrinth

12 Sudoku Even

Leichte Aufgaben

13 Ensaimada

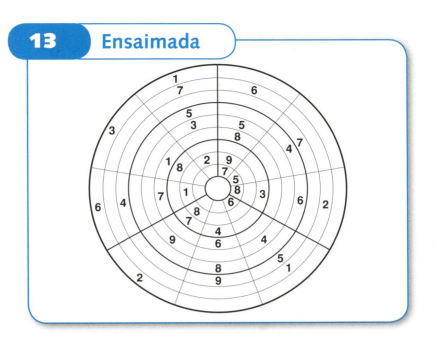

14 Missing Link

A A B E E E E H
I K K M N N N N
N O R R R R R S
S S T T T W Z

EINSTEIGER

15 Sudoku Stern

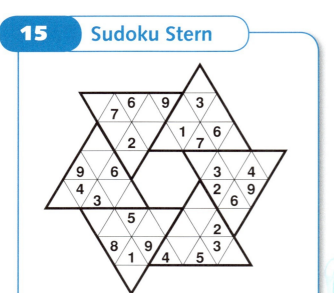

16 Bilderrad

17 Sudoku Diff

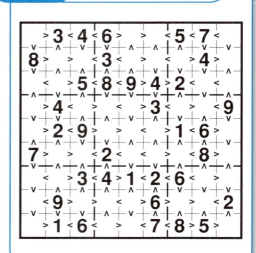

Leichte Aufgaben

18 Symbolpfad

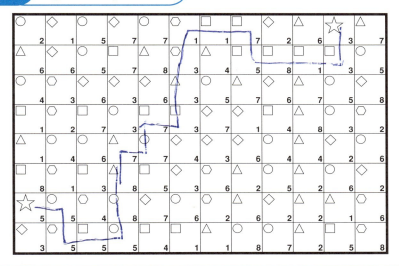

19 Fächerrätsel

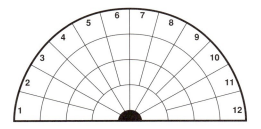

1. Pastenbehälter
2. Weichnadelbaum
3. diplomatisches Schriftstück
4. nicht weit entfernt
5. russischer Zarenname
6. Berghüttenwirt
7. Mostrich
8. Vorgesetzter
9. Besitz, Eigentum
10. Froschlurch
11. Echo in großen Räumen
12. hochwertig, kostbar

EINSTEIGER

20 Kollapsrätsel

B							L				G		A		S
A		R		N			O				G		A		I
S		A		L	E		B		N	H		L			G
T		U		A	T			I	A		U				M
A	A	I		U	E		N		E	L		O		N	A
E	P	D		W	R		A		E	U		H		N	M
R	B	O		A	R	U	L	I	E	N		R		N	A
S	G	L		R	E	E	A	K	U	K		U		U	G
T	A	I	E	M	M	K	I	D	T	E	R	R		N	I
E	R	L	O	T	U	R	N	I	E	R	B	I	S	E	

B												
A												
S												
T												
A												
■												
E												
R												
S												
T												
E												

Leichte Aufgaben

21 Einer zu viel

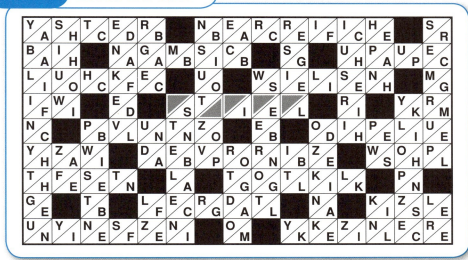

22 Cube

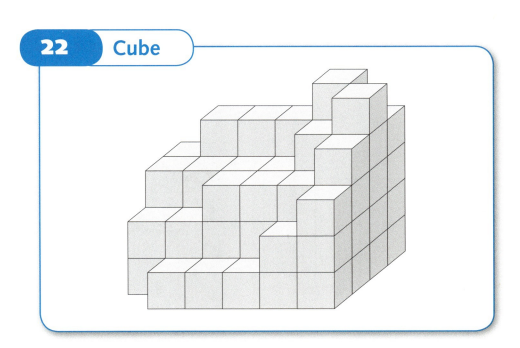

EINSTEIGER

23 Sudoku Diff

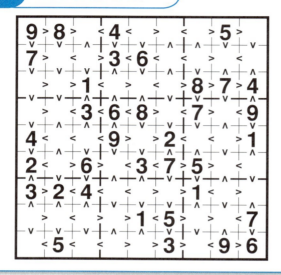

24 Kammrätsel

1. Süßwasserraubfisch
2. Wolfsschar
3. freier Überschlag
4. ugs.: Sachen, Dinge
5. Heiligenbild der Ostkirche

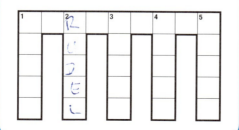

25 Zahlenrad

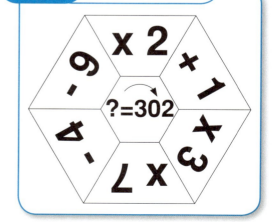

Leichte Aufgaben

26 Nur Einer

A O F N M	A L Z N Q	G O B Z N	K I Y V A	Y Z H E M
I W E Z B	C D B T S	K J H F P	J P S O C	V P G S U
H V X S P	P I U F G	Q T Y A D	X U L G Q	Q O D R C
Q T L Y J	R J M X H	X W S E L	B D E F T	L X N K I
K U C D G	Y V O K W	I C R U M	H Z R M N	W B T F A

W P L B H	R A G P B	K N J Y Q	N I P L F	Z L K D C
C D R S Y	Y N J T Q	Z A S P X	J T X W G	W E R X Q
G I T E J	M L Z S I	H L R W V	M Z S B C	G M V T H
K V U O A	E O F D V	B O F E I	E A Q D Y	Y P A S U
X F N Z M	W X K U H	U T G C M	K R V U O	J B I O F

M F K I G	P A O L M	M V D P U	B P G N J	G F K I Q
Y U C N Z	E F R B Z	E J Q C S	Q C E X O	O W N E J
D V O R E	U C V T N	G A X Y I	V R K Y T	P V C U A
X W J T B	H Q Y D J	O R L H Z	L Z H M A	B R L D S
L P H A Q	G S K W I	B T N W F	D S W F U	H X T M Z

M K D Q J	P H R W G	Y I Z J A	R M V H Z	U R E Q A
B L W V Y	S I B M Z	U G O Q B	G X J O E	K Z Y O X
T A S I R	X A V K Y	E S L P C	F W P I Y	J M T F S
F N Z P X	D O C L Q	R D X N M	S Q L K C	I L G B W
O C U E H	T F E J N	H V W K F	N B D T U	V D C H N

E H F A G	J Z O E N	E C U B V	M I A R Q	G B O Z V
I W M X V	C V H U Q	G Q I H W	G T E O U	M X I W U
P K N T Y	A T D I G	P A T L F	X W V J F	C K N P A
S B R U Q	P F K S M	S R M D O	Z L K P N	Q T E R D
D L Z C J	B Y W X R	Y J K X N	Y D H C S	H L S Y J

27 Rotationsrätsel

EINSTEIGER

28 Vexierbild

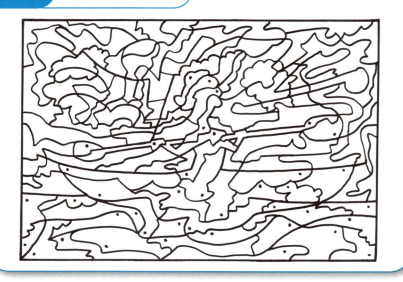

29 Größer oder kleiner

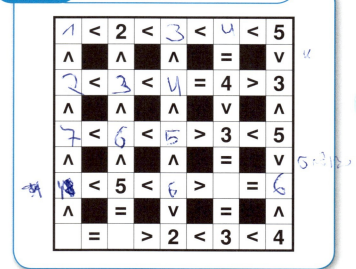

Leichte Aufgaben

30 Silbenband

AR – FUHR – MUELL – OBST –
PFERD – RER – SCHLUSS –
SCHUL – STE – TRO – TYP – WU

1. Abfallentsorgung
2. Ausbildungsende
3. Ausnutzer einer Notlage
4. Urbild, Urform
5. Hobby, Passion
6. Dörrfrüchte

31 Drudel

32 Atomium

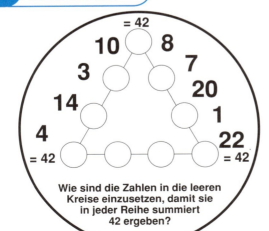

Wie sind die Zahlen in die leeren Kreise einzusetzen, damit sie in jeder Reihe summiert 42 ergeben?

EINSTEIGER

33 Sudoku Cross

4	6	7	1	2	3	5
1	5	2	3	7	6	4
5	2	6	4	1	7	3
7	3	5	2	6	4	1
2	1	4	7	3	5	6
6	7	3	5	4	1	2
3	4	1	6	5	2	7

34 Ensaimada

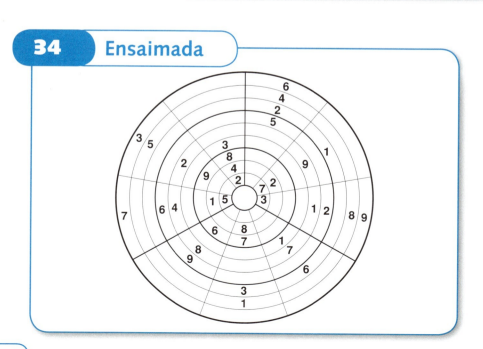

Leichte Aufgaben

35 Zahlenpyramide

36 Kammrätsel

1. Wundmal
2. männliche Katze
3. sehr kalt, frostig
4. Ehrentitel jüdischer Gelehrter
5. Fehllos

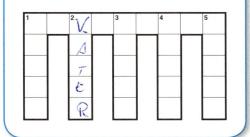

37 Labyrinth

EINSTEIGER

38 Bilderrad

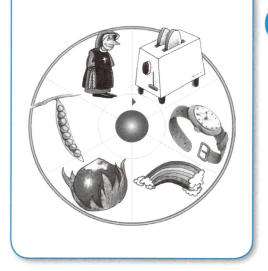

39 Zahlenrad

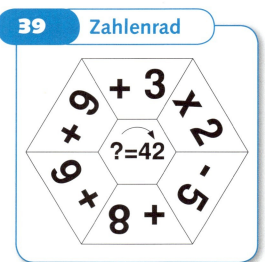

40 Missing Link

A A A A A B E E
E E E G G I K L
L N N N N N N O
R R S S T T T

Leichte Aufgaben

41 Sudoku Stern

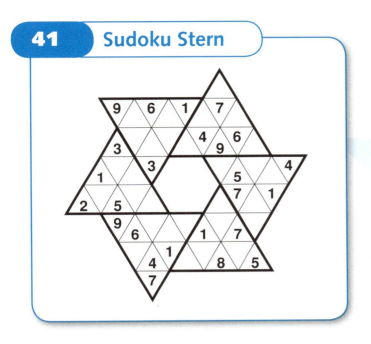

42 Symbolpfad

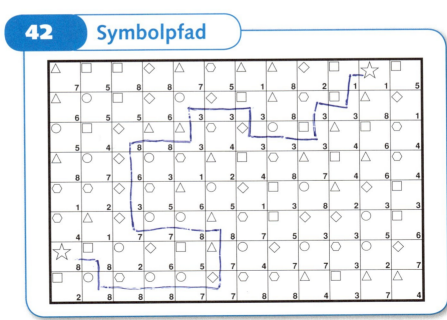

EINSTEIGER

43 Einer zu viel

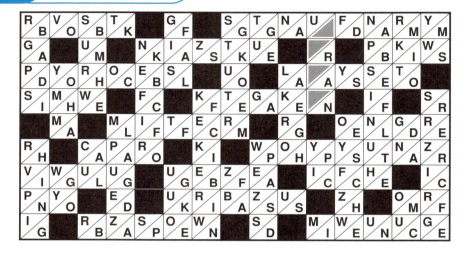

44 Sudoku Diff

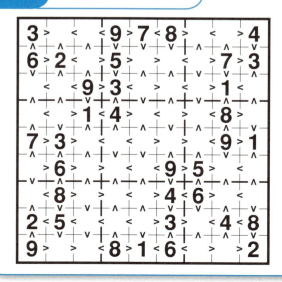

Leichte Aufgaben

45 Sudoku

5					4	9	7	
7			9	6	2	5		
9		2	3	5			6	
		7				6	1	
	9		7		1		5	
	2	5				3		
	5			1	8	7		6
	1	6	2	9				5
	8	6	5					9

46 3 in 1 Rätsel

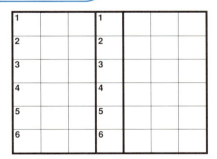

1 ausgeprägt, auffallend – Inhalt der Knochen – dt. Philosoph † 1804
2 Prototypen – Trend – altes Längenmaß
3 Polygon – von großer Menge – Schiffsbeschädigung
4 Zusätzliches – Spaltwerkzeug – Getränkerunde
5 Textilarbeiterin – Spinnenfaden – keltischer Name Irlands
6 Quadrat – Zahlwort – Turngerät

EINSTEIGER

47 Cube

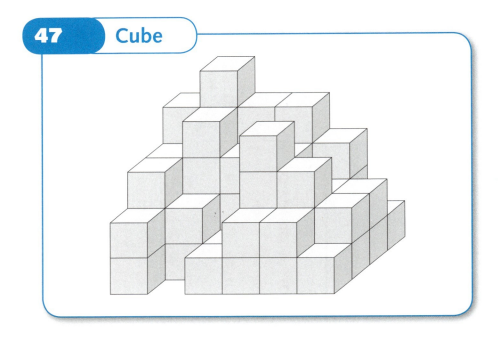

48 Bilderrad

49 Kammrätsel

1. Flugzeugsteuerflächen
2. Schiffsleinwand
3. Harze von Tropenbäumen
4. herbe Limonade
5. deutscher Name der Adige

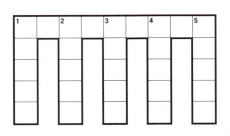

Leichte Aufgaben

50 Rotationsrätsel

| U Z | R R | F E | K E | N E |
| I B | E T | E D | C F | D L |

51 Streichholzrätsel

IV × IV = XXIV

52 Kreiskette

1. Biergrundstoff
2. Klettertier auf Madagaskar
3. menschlicher Laut
4. Einsiedler
5. analytischer Mensch, Grübler

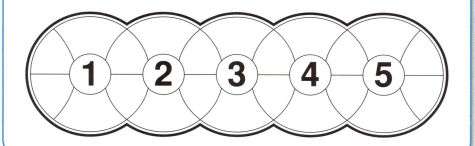

EINSTEIGER

53 Ensaimada

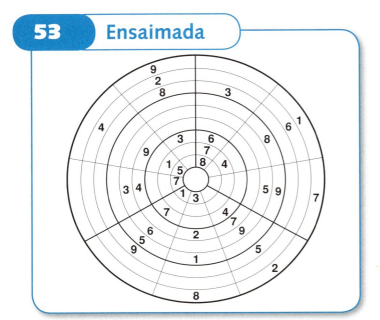

54 Symbolpfad

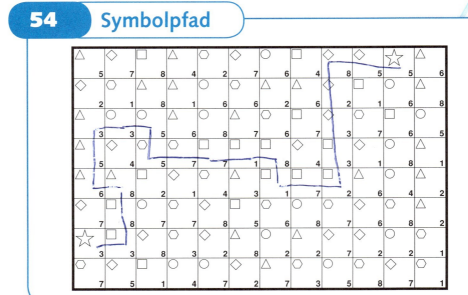

Leichte Aufgaben

55 Sudoku Cross

6	2	5	7	4	3	1
7	1	6	4	2	5	3
3	5	2	1	6	4	7
1	6	4	3	7	2	5
4	3	7	2	5	1	6
5	4	3	6	1	7	2
2	7	1	5	3	6	4

56 Vexierbild

EINSTEIGER

57 Sudoku Even

	2	7	6					
6				2		5	8	
	1				7		4	
	5		4	1			3	6
4		1		6		2		5
9	3			7	2		1	
	7		9				6	
	6	9		8				1
					6	8	2	

58 Labyrinth

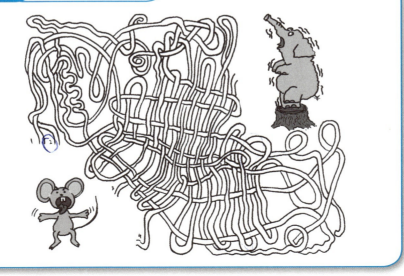

Leichte Aufgaben

59 Nur Einer

X H I E Q	A N Q B V	A D V T Y	V Y W X K	E A U T M
A Z N Y M	R H O E S	S N O H F	H M L J C	R J W P D
V S D W K	Y F M K C	R J U Z K	E T R F B	I V F H G
P F O R L	X T D I G	B M C L I	I O A U N	L X C K Q
T G B J U	Z L U W J	P W G X Q	Z Q G P S	Z O B S N

O L M Y S	V Y A I N	T G R E Q	V I Q D F	B M X J E
H X P U I	C Z R M U	I O F B L	T Y X R W	N A Y K V
Q J E T V	P K T G J	W D V S X	J K O M C	L G R H S
D G B A W	L S W F X	J Y M K C	P G N A S	C U F Q W
N Z R F C	O D E H B	N U H Z P	E B L Z H	Z O D T P

P A J X E	B R X V Q	I X W P L	L B I T E	P Y K L S
D R S Z N	Y N U E F	Y F V J A	C W G A J	A I V G T
K Q F L B	C I T G S	S C K N Z	O H X R Y	F E H D W
O M V T G	W A K H P	T G D Q R	S P M Q K	J M B N U
Y H U C I	L D M O Z	U H B O E	V D Z N U	C O X Q Z

H V K B M	K Z E F C	X R G A B	U B J M W	V C T D L
Y N A G C	W R J O Y	K M T V Y	Y R G A P	R N M S P
D U X Q I	N G X P M	D S E F Z	O V I Z X	X O B F W
Z F S J R	V U B S L	N H C L I	T Q C D F	H I G Y E
O W P L E	A Q I D T	P J U Q W	E N H K S	J U A Q K

F V L X A	C D R L W	V K C X L	D A F C Z	L P K T Q
Y W T M H	M G O H Y	M R F J Z	L H O S I	U R Y M W
Z J C R E	X P F E S	Q D G B Y	K B J Y G	O D Z B J
D S O G U	T J Q A U	I H N A T	W P M U N	G V H S A
K Q P N I	I K Z V B	W U E O P	Q E R X T	N F I E C

60 Rotationsrätsel

EINSTEIGER

61 Kreiskette

1. Steigerung von „gut"
2. Wagenschuppen
3. französische Anrede: Frau
4. zentralafrikanischer Staat
5. Insel im Bodensee

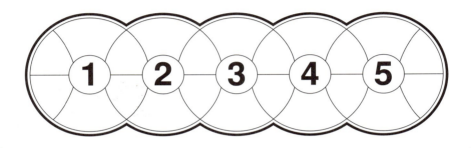

62 Atomium

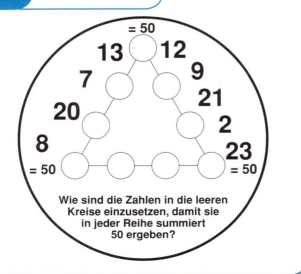

Wie sind die Zahlen in die leeren Kreise einzusetzen, damit sie in jeder Reihe summiert 50 ergeben?

Leichte Aufgaben

63 Cube

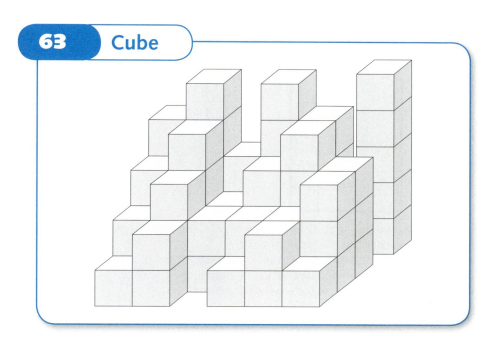

64 Einer zu viel

EINSTEIGER

65 3 in 1 Rätsel

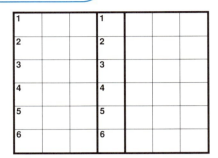

1 Bez. für Indianer (Bemalung) – dt. Schriftsteller † 1976 – Körperoberfläche
2 sorgfältig – Stromspeicher (Kw.) – Harnsäuresalz
3 Vorname d. Opernsängers Prey – Kanalinsel – Autor v. „Professor Unrat"
4 Dimension – kurz für: aus dem – bayrisch: kleine Biermenge
5 Antilopenart – durchsichtiges Gewebe – altes Längenmaß
6 Zeitmesser in der Küche – Backzutaten – Darmepidemie

66 Sudoku Stern

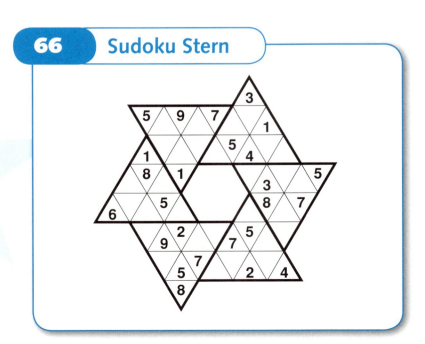

Leichte Aufgaben

67 Bildersalat

EINSTEIGER

68 Größer oder kleiner

	>	4	<	6	>		>	2
=		∧		∨		=		∧
6	>		>		>		<	4
∨		∨		∨		∧		=
	>		>		<		=	
∨		∨		∨		∧		∨
4	>		>		<	5	>	3
∨		∨		∨		∨		∨
	>	2	>		<	4	>	2

69 Fächerrätsel

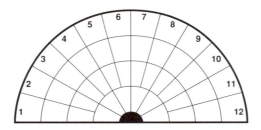

1. Ansprache
2. weibliches Geisterwesen
3. Ratschlag
4. kurzer Ausflug
5. Harnsäuresalz
6. Tierbehausung
7. mit Freude
8. männlicher Nachkomme
9. ital. Winterkurort (San ...)
10. Kurzmitteilung (Kw.)
11. Spaßmacher am Hof (MA.)
12. Raffsucht

Leichte Aufgaben

70 Missing Link

A A B E E E E E
E E F K L M N O
P P R R R R S S
S T T T T U Z

71 Bilderrad

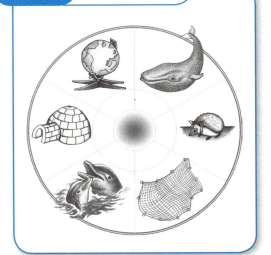

72 Silbenband

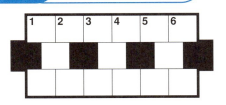

AUS – DI – GE – GE – GEN – GEN – MOR – ROT – SATZ – SES – SICHT – ZU

1. Optimismus
2. Verschiedenes
3. sicher, behütet,
4. leihen
5. rote Färbung des Himmels,
6. größter Unterschied

EINSTEIGER

73 Vexierbild

74 Symbolpfad

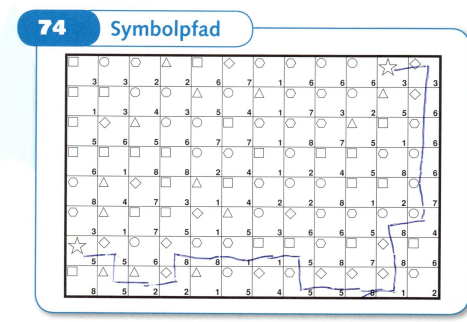

Leichte Aufgaben

75 Sudoku Cross

2	1	5	3	7	6	4
1	7	6	5	4	2	3
3	5	4	2	6	7	1
7	6	3	1	5	4	2
4	2	7	6	3	1	5
6	3	2	4	1	5	7
5	4	1	7	2	3	6

76 Kreiskette

1. nordamerikanischer Staat
2. schöne Frau der griech. Sage
3. Vorliebe, Schwäche
4. „Italien" in der Landessprache
5. arabisches Fürstentum

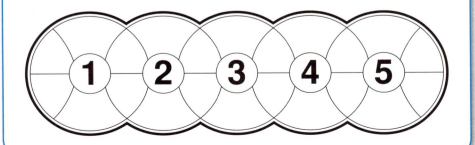

EINSTEIGER

77 Kammrätsel

1. ausschweifend
2. Heiligenbild der Ostkirche
3. Männername
4. kleine Fruchtart
5. Himmelskörper

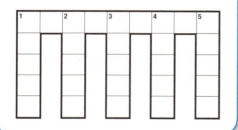

78 Zahlenrad

79 Sudoku

	6	5		7	4			9
8	3							
9	4	1	6		3			
						2	3	7
	5		4		7		2	
7		6	5					
			7		5	9	8	4
							1	5
5			8	4			6	

Leichte Aufgaben

80 Ensaimada

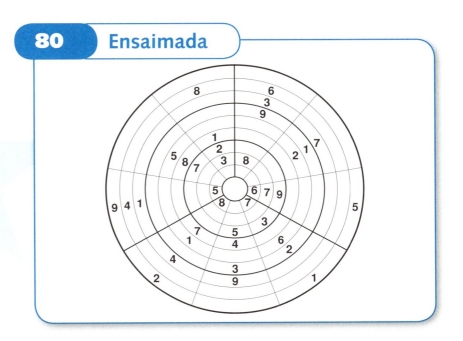

81 Einer zu viel

EINSTEIGER

82 Labyrinth

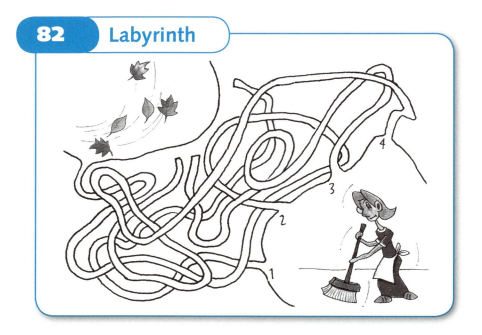

83 Sudoku Diff

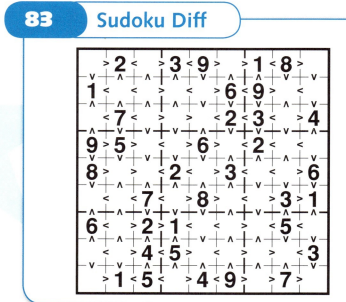

Leichte Aufgaben

84 Atomium

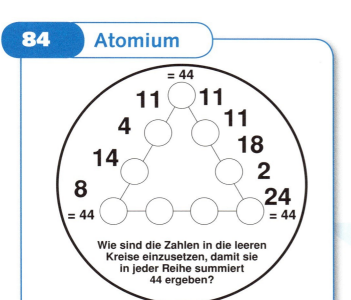

Wie sind die Zahlen in die leeren Kreise einzusetzen, damit sie in jeder Reihe summiert 44 ergeben?

85 Streichholzrätsel

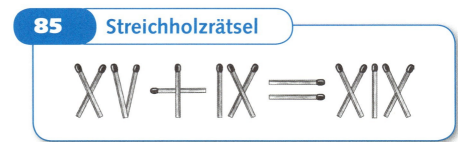

86 Rotationsrätsel

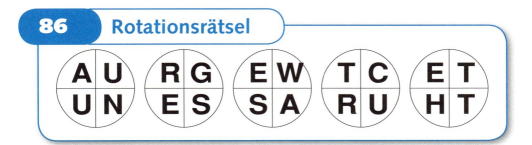

EINSTEIGER ★

87 Cube

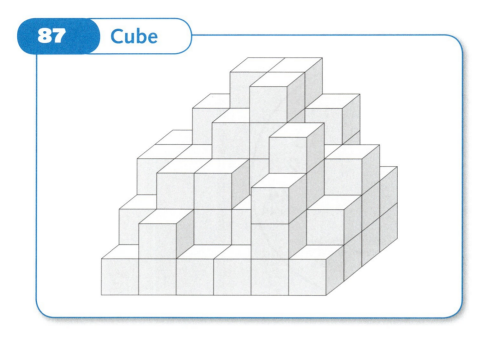

88 Sudoku Even

1		7						
					1		2	4
3				5		1		7
			5	9		4		
	2	6	7		3	5	9	
		1		4	6			
7		5		2				6
6	9		4					
						9		3

Leichte Aufgaben

89 Missing Link

A A A D E E E E
G H H H K K L M
N N N N R R R R
S S S S T T U

90 Kreiskette

1. baumartige Graspflanze
2. Anfälle von Atemnot
3. eine Richtungsangabe
4. französisch: Frankreich
5. ungesitteter Mensch

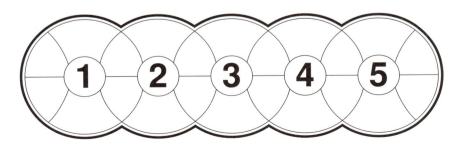

EINSTEIGER

91 Nur Einer

B N I O A	P A C J H	A B F L U	E X Z G L	U L G P R
H P Z X C	V B M I W	X E S K P	Q M U J Y	A M I O T
Q G D L J	Q S D N U	Q H O W J	F A P T K	H Q J S X
E K S T R	F K Y X T	V M G D C	N I H W C	D W E C B
W Y V F M	Z E R O L	T R Y N Z	S R B D O	N Y K V Z

O F E R M	Z W M B P	H Q R C D	C W A Q H	Y L E I P
L H C K W	E N A K I	A T Z K E	F O I X V	R G U H F
A Y G T X	J G R T D	O N V W U	R M T L B	Z S M O B
J U P N Z	Q H L C S	L X P I J	S J K E D	C A W D T
Q B V D I	F V X U O	Y M G S F	N G U Y Z	J N K Q V

D U K X I	W L H S O	P W U Y I	M Y V T Z	Q G N Z B
G M N T Y	M I C F J	M Q L F R	Q H C N B	K P M Y T
F O L S R	P Y E N V	H J Z O K	R P F X D	R S O L F
Q P V C A	X U G K T	V N C S X	U L O G K	X D I J V
W H B J Z	A B D Q R	G E A B T	E S J W I	U C A W E

I A C M Z	Z X L H G	V Z Q I H	D J T V C	T C E M B
L S X N E	Y A P N W	E T N G B	X W O K U	R Q S Y H
U T B P V	J D C M R	C Y A U X	F R N I A	W U I O F
W O H Y J	Q I S B U	L D R K P	E Z G B Y	A X N L P
G K F D R	T E V K F	S O M F J	Q P H S L	Z G V D J

F A S I C	I X K L W	K D Y Q Z	C E W B U	O X M W N
X M L B T	C H Y F P	C P M J G	F A V Y O	H I K D A
H P O E Y	O U V D A	R F O X V	G T J P R	F T S U V
K N V D W	R N M J B	B U S H T	Z K M H X	B G J E L
G U Z R Q	S E G Z Q	I L E A W	D S N I Q	Z Y P R Q

92 Rotationsrätsel

Leichte Aufgaben

93 Zahlenrad

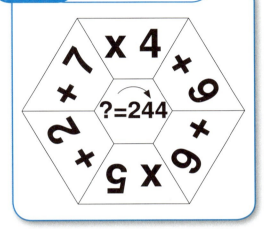

94 Bilderrad

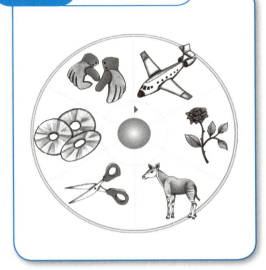

95 3 in 1 Rätsel

1 Teil des Fußballfeldes – früheres Druckmaß – Zimmer
2 Grasebene in Nordamerika – Fremdwortteil: vor – US-kanadischer Grenzsee
3 Bericht, Meldung – Stiel der Trauben – englisch, franz.: Hafen
4 ein Monat – Wortteil: acht – Gaststättenangestellter
5 daraus, aus jenem – an dieser Stelle – ugs.: hinaus
6 feierliche Veranstaltung – Feier – Feingefühl

EINSTEIGER

96 Größer oder kleiner

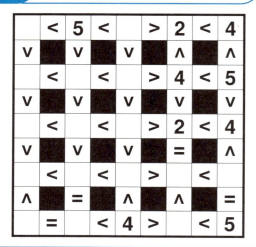

97 Ensaimada

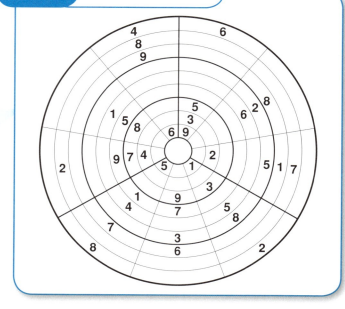

Leichte Aufgaben

98 Vexierbild

99 Fächerrätsel

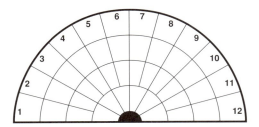

1. Ackerrand
2. Wärmespender
3. Pferdegangart
4. Flechtwerk
5. Kains Bruder
6. widerwärtiger Mensch (ugs.)
7. rosafarben
8. große Grünanlage
9. Erfinder des Revolvers
10. Broschüre
11. Bodenkrume
12. Sinnesorgan

EINSTEIGER

100 — Einer zu viel

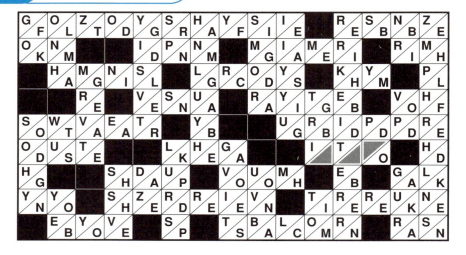

101 — Kammrätsel

1. Röstbrotscheibe
2. leichte Holzart
3. ein Sedimentgestein
4. Gebäudeteil
5. Wegstrecke

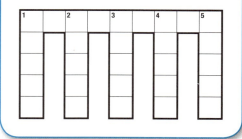

102 — Zahlenpyramide

Leichte Aufgaben

103 Kreiskette

1. russ. Schachweltmeister
2. Abitur der Schweiz
3. eh. spanische Währung
4. ein Werkzeug
5. Storch in der Fabel

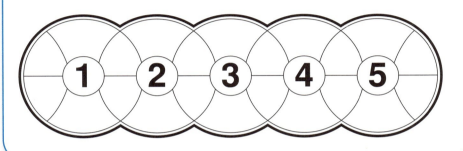

104 Sudoku Stern

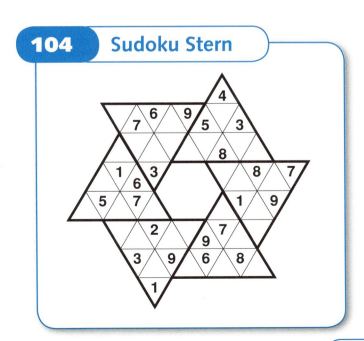

EINSTEIGER

105 Kollapsrätsel

		V		M			R		A			A		P	
		E		E	E	E	T		A	B	B	R		N	
B	N		L		L	O		L	E	S		A		E	E
S	E		B		S	F	E		K	N		U		G	
A	O	D	A	A	S	N		M	U	R	K	E		C	E
K	B	E	D	A	Z	U		E	T	U	I		Z	O	H
R	O	M	N	L	U	N	H	N	R	N	G		O	P	E
A	E	O	E	E	H	G	I	E	O	I	A		B	E	N
R	S	G	E	I	R	E	I	A	M	O	R	D	R		L

B
S
A
K
R
A
R

Leichte Aufgaben

106 Labyrinth

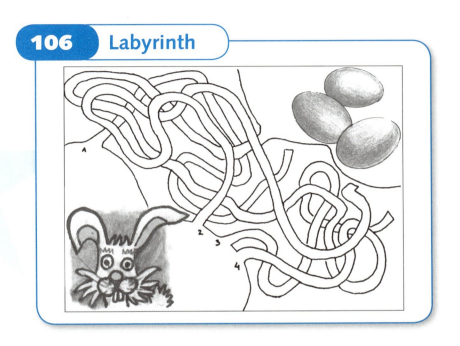

107 Rotationsrätsel

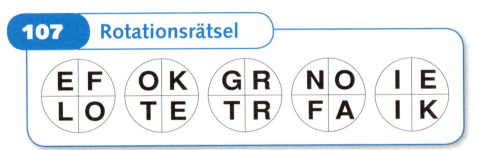

108 Streichholzrätsel

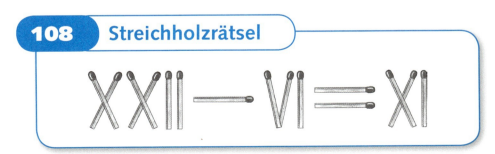

EINSTEIGER ★

109 Drudel

110 Sudoku Diff

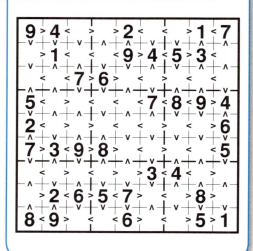

111 Sudoku

9		1	8				7	3
2				1	3		8	
			2	7		1		6
	2	7					5	4
6				3				1
8	9				7	6		
4		8		9	1			
	6		3	2				8
7	1				8	6		9

Leichte Aufgaben

112 Sudoku Cross

3	7				6	
	2		6	5	7	3
		7		4		6
	6			7	3	4
	4	3	5			7
7	5		2			
	3	4	7	2	1	

113 Cube

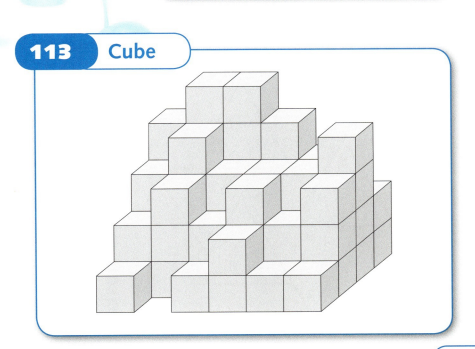

EINSTEIGER

114   3 in 1 Rätsel

1 ausgeprägt, auffallend – Inhalt der Knochen – dt. Philosoph † 1804
2 Kegelschnitt – Fremdwortteil: gegenüber – Kains Bruder
3 Teil des Fußballfeldes – früheres Druckmaß – Zimmer
4 feierliche Veranstaltung – Feier – Feingefühl
5 öffentliches Verkehrsmittel – Kraftfahrzeug (Kw.) – Verkehrsmittel (Kw.)
6 eine Falschaussage – besitzanzeigendes Fürwort – Scheelsucht

115   Sudoku Stern

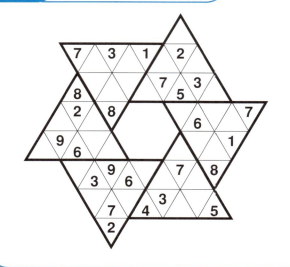

Leichte Aufgaben

116 Ensaimada

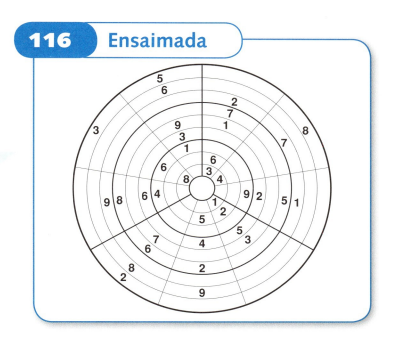

117 Missing Link

A A C E E E I K
L L L N N N P P
R R R R R S S S
T T T T T T T

EINSTEIGER ★

118 Sudoku

			2				9	1
	6	3					7	4
8			7	9		3		
		2	8				1	9
5	8				2	4		
	9			3	5			6
6	7				1	4		
3	1				7			

119 Zahlenrad

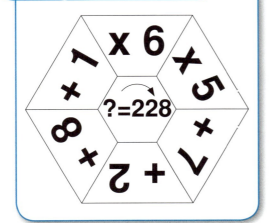

120 Silbenband

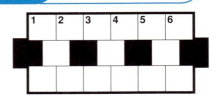

GEN – HAUS – HEMD – HER – IN – KAR – MEU – NAL – REI – RIM – WA – WUER

1. Männerkleidung
2. Einkaufsstätte
3. hoher kath. Würdenträger
4. loben, achten
5. Übergangslösung
6. gewaltsamer Aufruhr

Leichte Aufgaben

121 Nur Einer

R O U J S	N K U S V	K H L E I	S U H K E	S L V I B
B M N W Q	G C H P D	A C T M J	Q Y F J N	Z Y O J N
C K L Z Y	O Q R W Y	N Q S B Y	P B L D G	Q A D U W
D V A G T	T I L J Z	W Z F X G	O W V A C	F H T C P
E H I X F	F B X E M	R P O D V	I M R X T	X K E G R

D K F J H	T E L G S	C L Z E T	A K M P U	F K J R E
R A E O Q	R P K A Z	G N X K Q	V T O N G	Q U L G N
L U G Z W	C F O M Y	F P R A S	Q Y H D X	T D B I S
I V T B C	D Q H B W	U M H W V	J E Z R I	O M H W P
Y N X P M	U J X N V	J Y O B I	F S C W L	Z Y A X C

Q G L B T	C Z U R X	I V G B U	R F N O J	J N I G M
V N C K S	K Y F I J	L N S F H	H X T I K	O L C D F
A H Y F Z	Q G D A B	K J E Z R	V D S A Z	Z A Q E B
R P U D O	N P S H L	Y T P C W	P Q W B C	V P R S K
W M J E I	E O M V W	X O A M D	L Y U E M	W X Y U T

W Q Z U P	Q T R A F	Y R C N J	B R K W I	O Z F U Y
F T A M V	M H U V D	K Q D O T	G Z P U E	K T C A V
S J B I X	E J B O C	S U I Z W	N A M V J	S M Q X L
G N C Y K	W K N S P	A X B G P	S Y F X C	E P I G B
L R H E D	G L Z I X	L H V M E	O T Q D H	R J H W D

X Z F C M	F G Y H C	W F N G Q	B D T Y I	J K L U O
Q U E R G	B M V J D	R J C O E	W M J S L	V E P G N
L O W T S	E I W A P	V B U Y I	Z H F N K	M S Q T B
D V N H K	U O Q K N	H L D S T	Q G P O V	F R D I X
A Y P I B	Z X S L T	X Z P A M	R X U C A	Y Z C A H

122 Streichholzrätsel

EINSTEIGER

123 Bilderrad

124 Zahlenpyramide

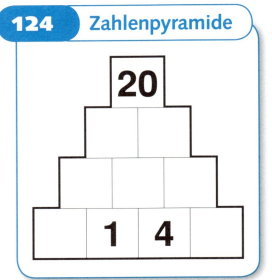

125 Fächerrätsel

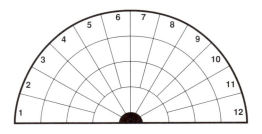

1. US-Raumfahrtbehörde
2. Mutter Marias
3. Holzschuh
4. abfallendes Gelände
5. Gärstoff
6. abzüglich
7. Weintraubenernte
8. kochsalzhaltige Quelle
9. zusammengehörige Zwei
10. Gerät zur Kammherstellung
11. Schaffensfreude
12. Faserpflanze

Leichte Aufgaben

126 Sudoku Even

		8			2	5		
4		2		9				3
6				1		7		
8		9	1					
7	4	5		8		3	9	1
				5	6			7
	8		5					6
9				2		8		4
		4	8			7		

127 Symbolpfad

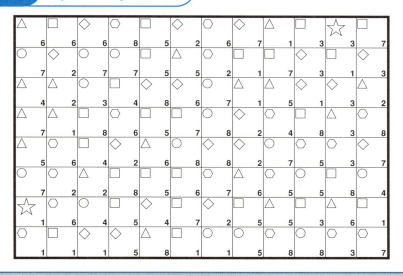

EINSTEIGER

128 Atomium

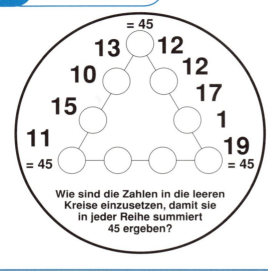

Wie sind die Zahlen in die leeren Kreise einzusetzen, damit sie in jeder Reihe summiert 45 ergeben?

129 Sudoku

		4			2			
9			3		4		7	
	6	7				4		3
6	5			4		8		
8		2	5	1	9	7		4
		9		6			2	1
7		3				9	1	
	4		9		2			7
		6				3		

Leichte Aufgaben

130 Größer oder kleiner

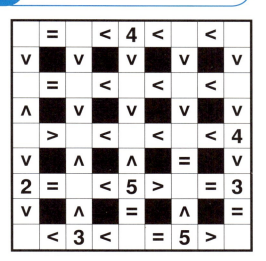

131 Cube

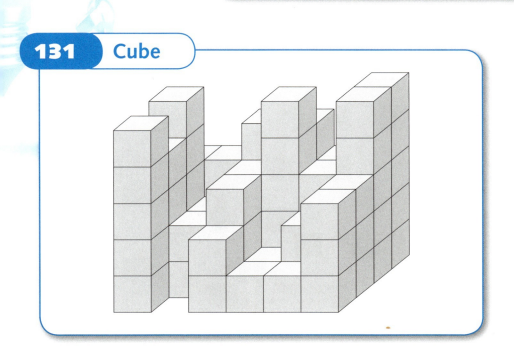

EINSTEIGER

132 Drudel

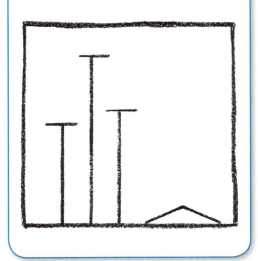

133 Kammrätsel

1. Teil des Hubschraubers
2. Agavenblattfaser
3. Harze von Tropenbäumen
4. herbe Limonade
5. Vorname Kästners

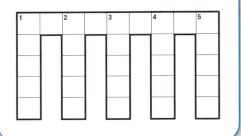

134 Einer zu viel

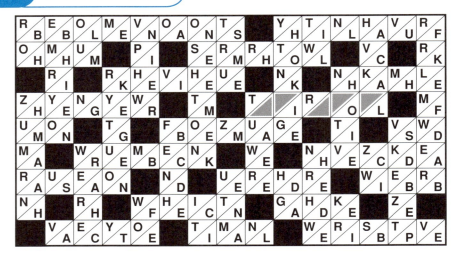

Leichte Aufgaben

135 Vexierbild

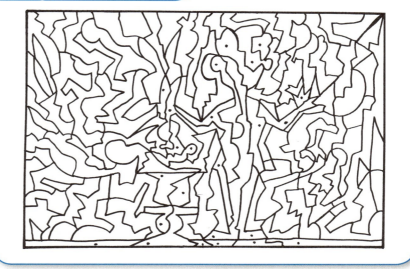

136 Kreiskette

1. Organist
2. schöne Frau der griech. Sage
3. Nesseltier
4. Insel im Bodensee
5. Königin von Spanien

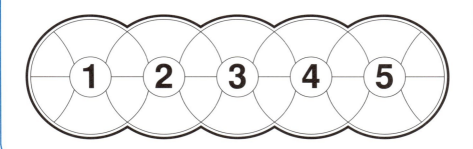

EINSTEIGER

137 3 in 1 Rätsel

1 Überfahrt – Ausweisdokument – Legende
2 ein Monat – Wortteil: acht – Gaststättenangestellter
3 altrömische Goldmünze – eine Steuer, Abgabe (Kw.) – Teil des altröm. Kalenders
4 Teil des Fußballfeldes – früheres Druckmaß – Zimmer
5 Aluminiumoxid – Erdarten – unser Planet
6 beobachten – dt. Miterfinder des Computers – Lebensgemeinschaften

138 Sudoku

	6	5			8		4	
			4	6			9	5
1	4	9				6		
9				7		2	8	
7				5				4
	8	6		4				3
		3				8	2	6
6	9			3	5			
	2		6			3	5	

Leichte Aufgaben

139 Ensaimada

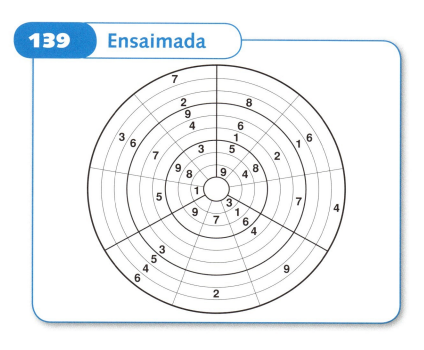

140 Labyrinth

EINSTEIGER

141 Fächerrätsel

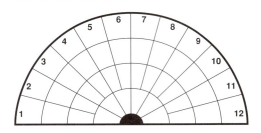

1. Wachszelle der Biene
2. ein Balte
3. Lebewesen
4. Kohleprodukt
5. Teil des Tischs
6. gerade erst
7. Welle
8. Kamin
9. Zimmer
10. Hausse an der Börse
11. Riese im Alten Testament
12. schlank, geschmeidig

142 Sudoku Stern

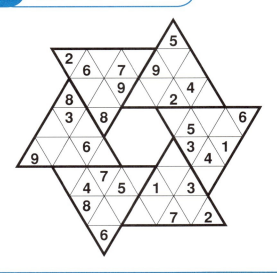

Leichte Aufgaben

143 Missing Link

144 Symbolpfad

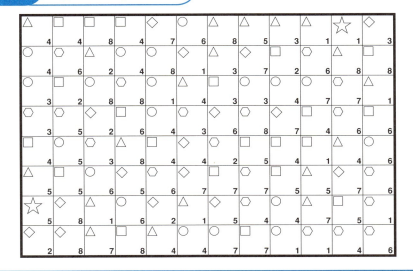

EINSTEIGER

145 Zahlenrad

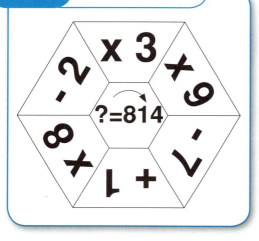

146 Zahlenpyramide

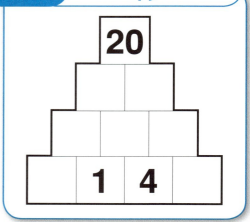

147 Größer oder kleiner

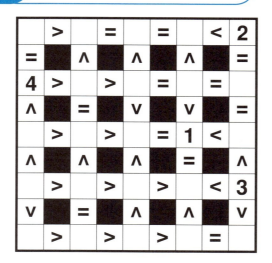

Leichte Aufgaben

148 Bildersalat

EINSTEIGER

149 Rotationsrätsel

150 Nur Einer

T L E B F	X M R J G	Q H V Z D	N Q D J P	Y P X M N
O S P X W	V S L N B	J P L F O	O U H L R	U I F H S
H A J G V	Y W T Q F	I Y N K U	M F B C T	E B A R V
Q U Y R C	P H E K D	G A W R E	W E K Z I	C W Q L Z
D M N I K	I U A Z C	B S T M X	S A G Y V	T J D O G

A H B U V	O U F T A	R G Y K I	T S F J L	G C L J B
F T K Y J	V I W X P	T M P F L	D M A V P	I R O X Z
X O L R Z	E Q L G N	W Z O E D	E W U Y G	D N K A T
D I E Q S	Y Z J C S	C Q N S X	O Z N Q X	S E V W P
W C P G M	B R D K H	J U B H V	B K H C R	Q M H U F

K V H W R	G E S I M	D A C E U	Q C I K P	X S J H G
D P U X Y	C O Y U Z	X L R W J	T U Z F O	E A Q O K
B M Q N G	T A W X P	I Y O B P	J S X M G	B Z P Y T
J A C S F	Q K J B R	F N S H M	L E Y B N	N U C L M
I Z L T O	H L D N F	V K Z Q T	W V A D H	I D F R V

L E S M G	K B I C Y	G U Z O V	V D R G X	T F R O U
X H C P N	E F H N L	I E M F P	C S I O B	B H Y V K
Z Y D F W	Z Q O W A	J T Y S L	E J Q Z F	L E I G K
B J A V U	M R U T G	N C D K R	N W A K T	Z Q W S P
R I Q K O	P X J V D	A W X B H	P Y L M H	M C X D A

H L C S R	H D V Y B	J L E V K	V Z M T J	H D U N S
U M D X O	J I Z W Q	U S A W R	A X D S O	X Q R J V
W I P V J	A U E O P	X I D O Q	E F G H N	T Y E O G
G Z A N K	S K G R M	N T G P C	C W I K Q	P K Z W F
B T E Y Q	N F X T C	M B Z Y F	L Y U R B	M C L A I

Leichte Aufgaben

151 Sudoku Cross

	4	6	3	5	1	7
4			6		2	
3			2	1	5	
5		3				
7		5		3		
	3	2	7		6	5
6	7				3	1

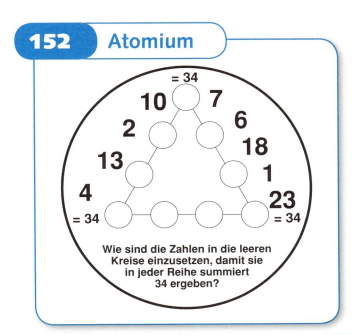

152 Atomium

Wie sind die Zahlen in die leeren Kreise einzusetzen, damit sie in jeder Reihe summiert 34 ergeben?

EINSTEIGER ★

153 Sudoku

		4	7	2	3	6		
				4	8		3	
2	6	3					8	
5				6		8		
1		2	8		5	9		3
		8		3				5
	5					2	9	7
	8		9	5				
		6	3	1	7	5		

154 Cube

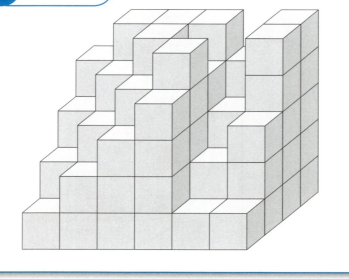

Leichte Aufgaben

155 Silbenband

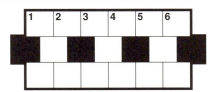

AMT – AN – CKEN – DES –
EH – GEN – NEN – PAR –
RAD – REN – TIE – WIND

1. Kinderkrankheit
2. Tyrannei
3. reden, plaudern
4. Angelegenheit
5. Radwettbewerb, Tour
6. soziale Aufgabe ohne Entgelt

156 Drudel

157 Einer zu viel

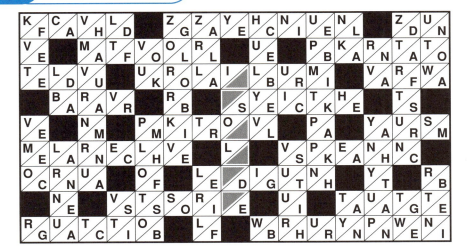

EINSTEIGER

158 Vexierbild

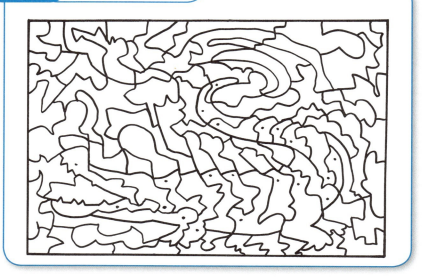

159 Missing Link

A A A B B E E E
E E E G G G H I
I L L L M N N
N N R R S T U

Leichte Aufgaben

160 — 3 in 1 Rätsel

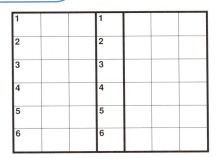

1 Zeitmesser in der Küche – Backzutaten – Darmepidemie
2 span. Inselgruppe (Kw.) – biblischer Ort im N.T. – Flächenmaß der Schweiz (Mz.)
3 Stil – österr. Physiker † 1916 – gefühllos
4 Vorname d. Opernsängers Prey – Kanalinsel – Autor v. „Professor Unrat"
5 Comedy-Star (Anke) – Platzmangel – Vorname d. Schauspielerin Sommer
6 goldgelbes Pflanzenfett – Feldfrucht – franz.: Weihnachten

161 — Sudoku Stern

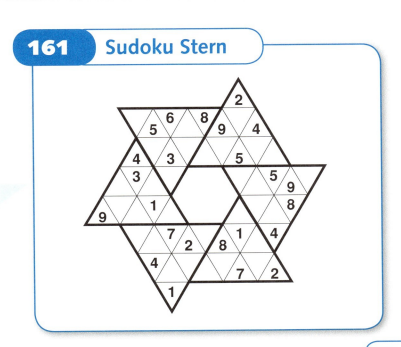

EINSTEIGER

162 Sudoku Even

5						1		8
6	7		8					
1		8		4				3
		6		5	4			
	5		3		1		7	
			9	6		8		
9				7		4		1
					6		5	9
3		5						7

163 Bilderrad

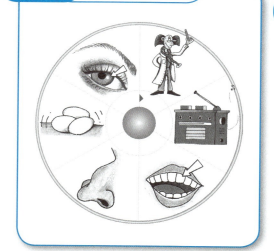

164 Kammrätsel

1. Verbrennungsrückstand
2. Fundamentalist (ugs.)
3. reizvoll
4. riesige Menschenmenge
5. Material des Fußballs

KÖNNER

★★

Mittelschwere Aufgaben

KÖNNER ★★

165 Sudoku

	11		7		3			8	
	5	4		2			6	7	
12		1		8				4		3
	8	3		11	2						12
	4	12	11	10		8		9	6	1	
5		2	9	6							8
6						1	8	11			4
	10	9	4		7		12	2	1	5	
1					2	6		10	12		
9		8				4		2			5
		10	12				2		8	11	
	2			3			12		4		

166 Spiegelrätsel

1 Täuschung, Einbildung – Sicherheitsriemen im Auto
2 männliches Schwein – Weinstock
3 Kinderfrau – Roman von Jane Austen
4 Haarwuchs im Gesicht – Pferdegangart
5 Insektenlarve – holländ. Käsestadt
6 Aristokratie – Geliebte des Zeus

Mittelschwere Aufgaben

167 Rechenproblem

☐3 + ☐80 = ☐23
+   +   +
2☐1 + 2☐9 = ☐90
─────────────────
☐44 + 5☐9 = 81☐

168 Mittelwort

VIEL		ATHLET
OBST		MOND
KORALLEN		GRUPPE
FAST		CREME
NIEDRIG		LINSE
FEIER		STERN
DAUMEN		PROBE
OBER		WEISS

169 Sudoku Diff

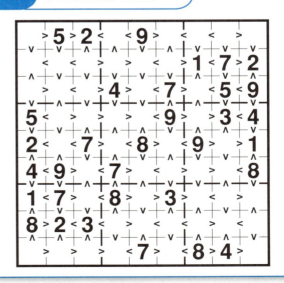

170 Blindfeldsuche

Aus den in den Trennfeldern stehenden Buchstaben ergibt sich, zeilenweise von oben nach unten gelesen, ein russisches Sprichwort.

T	A	N	G	A	D	Z	I	E	L	L	I	N	I	E
E	T	R	R	E	B	U	S	E	E	R	N	A	C	H
M	E	T	E	R	S	S	T	F	I	N	S	T	E	R
A	M	E	N	E	B	E	D	E	I	T	A	O	E	F
S	R	A	Z	U	R	K	O	R	T	U	S	C	P	U
T	I	B	E	T	E	R	H	N	E	A	S	T	E	R
K	I	L	N	N	M	G	M	E	I	L	E	E	R	C
O	R	A	A	L	E	S	E	R	E	L	T	A	E	H
R	E	G	L	E	R	Z	G	U	S	T	E	R	M	T
B	O	E	K	E	L	F	A	C	H	A	R	Z	T	U
M	S	P	P	R	A	E	E	W	E	G	N	T	O	R

171 Tunnel

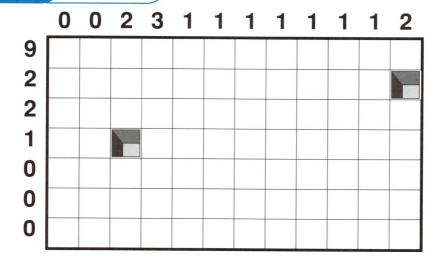

Mittelschwere Aufgaben

172 Ensaimada

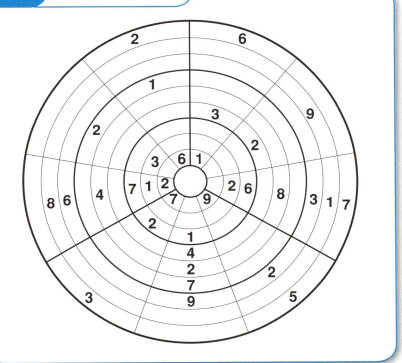

173 Rätselgleichung

$$(a - b) + (c - d) + (e - f) + (g - h) = x$$

a = Glücksempfinden
b = Ansprache
c = sportlicher Wettkämpfer
d = Schriftsetzerwerkzeug
e = medizinisch-techn. Beruf
f = Lehre vom Licht
g = Sumpffieber
h = Vorname der Schell
x = die Schlusslösung

KÖNNER ★★

174 Am Faden

Wenn Sie den richtigen Anfang finden und den Linien folgen ergibt sich ein altes Sprichwort.

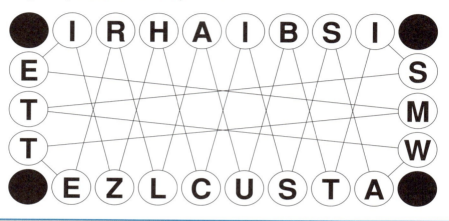

175 Rebus

Mittelschwere Aufgaben ★★

176 Zahlenrad

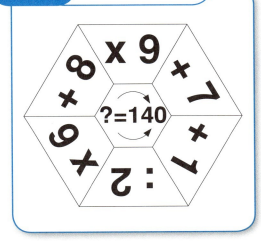

177 Business

LEON Kiromig
----

178 Atomium

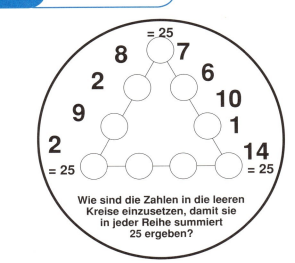

Wie sind die Zahlen in die leeren Kreise einzusetzen, damit sie in jeder Reihe summiert 25 ergeben?

KÖNNER ★★

179 Sudoku Even

9	4				3			8
		2		8			3	4
3		5	6	1				9
					1		4	2
		7		6		3		
8	5		3					
5				2	6	4		7
4	7			3		9		
2			8				1	3

180 Darträtsel

1. ein Weißwal
2. Hauptstadt von Kanada
3. muslimisches Volk im Sudan
4. schmerzhaftes Gliederreißen
5. Abitur der Schweiz
6. Anfälle von Atemnot
7. Einheitsmuster
8. Urkunde im Völkerrecht
9. Geliebte des Paris (griech. Sage)
10. „Italien" in der Landessprache
11. US-Bundesstaat
12. ein Kontinent

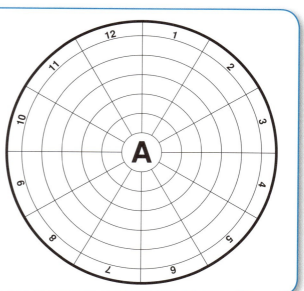

Mittelschwere Aufgaben

181 Rechenquadrat

28	+		+		37
+		x		+	
	−		−		2
−		−		+	
	+		−		3
33		23		13	

182 Summen-Sudoku

4			12					4
	11	12				14		
		11				14	14	
			16	10				10
13					11	12		
		14		12				8
6			7		10			

KÖNNER

183 Sudoku

	7		8			2	4	6			
11		4				7	3				2
	5							12			
		12	5		2					4	8
4	1		2			3		11			
		3		4	9		1		7	5	
3	9		12			7	11	1			
	11			4			2		3	6	
5	10				6		7	9			
		8						2			
6			9	10				4		12	
		10	7	11		12		5			

184 Trenne mit drei Strichen

Mittelschwere Aufgaben

185 Schwedenrätsel

KÖNNER ★★

186 Zahlenpyramide

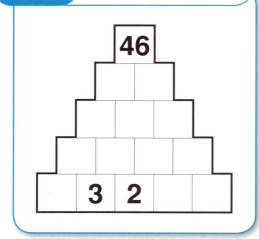

187 Rechenproblem

```
1 _ 1 + _ 9 4 = 4 6 _
  +         +         +
2 _ 1 + 1 1 _ = 3 7 _
─────────────────────
_ 3 2 + _ 0 5 = 8 3 _
```

188 Tunnel

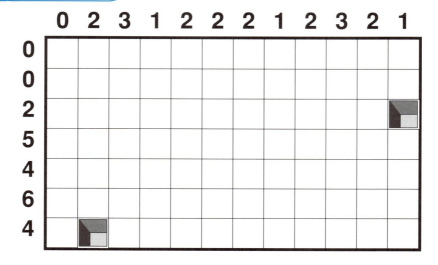

Mittelschwere Aufgaben

189 Spiegelrätsel

1 Wäschestück – helle Biersorte
2 Impfstoffe – griech. Kriegsgott
3 Teppichoberfläche – Vorname Hochhuths
4 Metallbolzen – Reizstoff im Tee
5 Diebesgut – Vorname des Sängers Ramazotti
6 „Mutter" in der Kindersprache – Vorbeter in der Moschee

190 Sudoku

	4	7		6		2				5
			10	7				6		4
		1		5	4		12	9		3
10			5	3					1	2
	2					5	11	12	6		4
4	6			1	2	9				10
3					10	4	6		7	12
11		8	1	9	7				5	
7	12						3	10		11
5			2	12		11	9		8	
	7		11				5	2		
8				1		10		5	6	

KÖNNER

191 Ensaimada

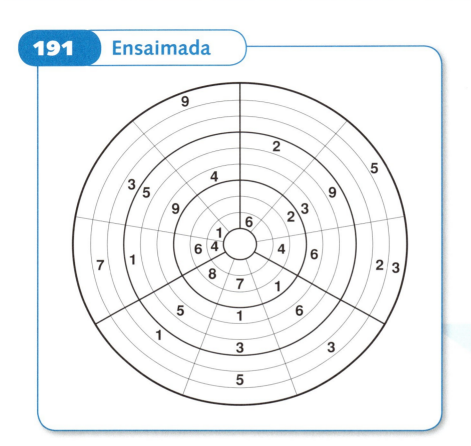

192 Streichholzrätsel

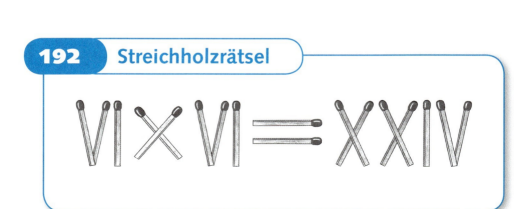

Mittelschwere Aufgaben ★★

193 Rebus

194 Am Faden

Wenn Sie den richtigen Anfang finden und den Linien folgen ergibt sich ein Sprichwort.

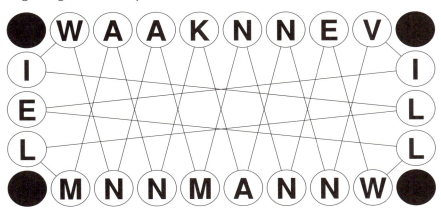

KÖNNER

195 Darträtsel

1. Laubbaumfrucht
2. Stadt am Vesuv
3. religiöser Kultbau
4. Warnzeichen
5. Modeschöpferin (Coco)
6. Griff an Eimern
7. US-Filmkomiker (Stan) †
8. Autor von „1984"
9. Schuhschnürband
10. Fechtwaffe
11. französischer Ingenieur (Turm)
12. Nerven betreffend

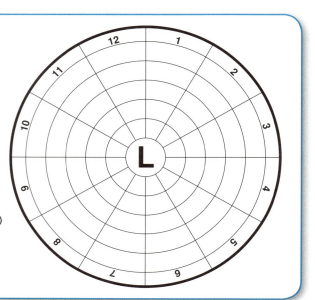

196 Rechenquadrat

26	-		-	19
+		+		x
	x		+	38
-		+		+
	x		-	5
24		12		33

Mittelschwere Aufgaben

197 Summen-Sudoku

		10		9		4
9	16				10	
			15	12		8
10		11			14	
	9		15		15	
	10	10				9
4			9	10		

198 Zahlenrad

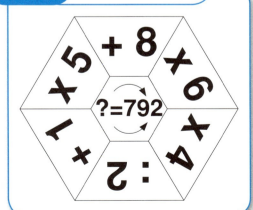

199 Mittelwort

HEIL	STRECKE
WEIN	FLAECHE
BERN	HUHN
FEST	MACHER
TRUEB	BILD
AROMA	TENNIS
HALB	HAUS
SPIEL	STEIGER

KÖNNER

200 Blindfeldsuche

Aus den in den Trennfeldern stehenden Buchstaben ergibt sich, zeilenweise von oben nach unten gelesen, ein altes Sprichwort.

R	I	V	T	A	R	A	I	S	E	E	H	U	N	D
E	R	T	R	A	G	E	N	E	U	L	U	N	Z	E
M	K	V	O	R	O	G	E	B	E	E	R	E	P	C
P	R	F	M	E	L	I	T	E	R	G	D	E	B	K
E	I	S	B	A	E	R	H	G	E	P	E	R	L	E
L	A	I	E	N	I	S	H	I	G	H	C	A	U	L
N	H	E	W	A	M	M	O	N	I	A	K	E	T	R
U	E	R	B	E	N	E	R	N	T	R	E	A	B	I
S	T	R	E	S	S	R	M	E	M	A	M	B	A	I
E	N	A	N	E	E	P	O	R	T	O	N	E	H	E
N	A	H	U	N	I	O	N	U	V	T	U	R	N	E

201 Trenne mit drei Strichen

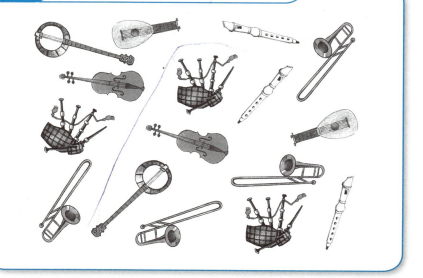

Mittelschwere Aufgaben

202 Sudoku Diff

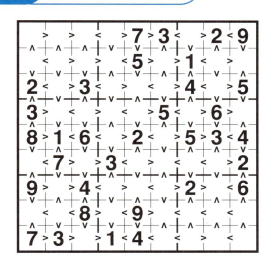

203 Tunnel

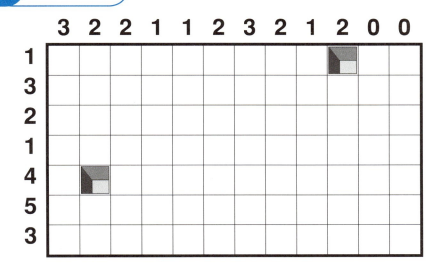

KÖNNER ★★

204 Rechenproblem

```
 1 8 _  +  _ _ _  = 1 9 _
  +         +         +
 _ 7 4  + _ 3 2  = _ 0 6
 ─────────────────────────
 5 _ 5  + _ 4 1  = 7 _ 6
```

205 Business

Paolo Tälonge

‑‑‑‑‑‑‑‑‑‑‑

206 Sudoku

		5		9	10	1	6			7	
								5		6	11
			4		11	5	7		9		
	2		10			8	12	9	11		
	12		8	5	11						3
	9	3				2	6				
			6	3				12	7		
9					11	7	8		4		
		12	7	8	6			10		5	
		11			8	2	1		7		
3	10		2								
7				6	12	3	5		4		

Mittelschwere Aufgaben

207 Spiegelrätsel

1 Bund, Bündnis – munter
2 Vorzeichen – Figur bei Jules Verne †
3 blindwütiges Töten – tiefe Ohnmacht
4 „Irland" in der Landessprache – US-kanadischer Grenzsee
5 besitzanzeigendes Fürwort – Bedauern
6 engl. Schulstadt – Tonzeichen

208 Atomium

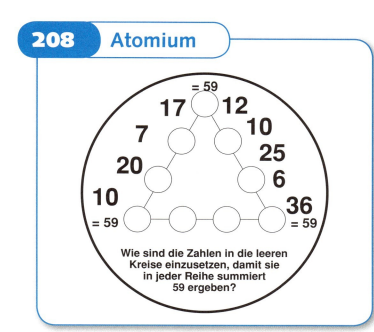

Wie sind die Zahlen in die leeren Kreise einzusetzen, damit sie in jeder Reihe summiert 59 ergeben?

KÖNNER ★★

209 Am Faden

Wenn Sie den richtigen Anfang finden und den Linien folgen ergibt sich ein Sprichwort.

210 Sudoku Even

		6		1	8	7	3	
5	3			2			1	9
	1			6				
	7	3		4				
			2	9	7			
				3		2	8	
				5			7	
3	6			7			4	2
	4	7	6	8		1		

Mittelschwere Aufgaben ★★

211 Streichholzrätsel

212 Endstück

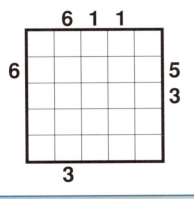

213 Rechenproblem

```
 2☐2 + ☐92 = ☐34
  +      +      +
 8☐  + 1☐1 = 26☐
─────────────────
 32☐ + 4☐3 = 80☐
```

214 Rätselgleichung

$(a - b) + (c - d) + (e - f) + (g - h) = x$

a = reliefartig
b = Vermächtnis empfangen
c = kleines Fischerboot
d = Wahlübung beim Sport
e = Erkennungsmelodie
f = ehem. deutsche Silbermünze
g = ein Kartenspiel
h = Wasserbrotwurzel
x = die Schlusslösung

KÖNNER ★★

215 Darträtsel

1. Wandmalerei auf Kalk
2. Vorname von Caruso
3. freier Verteidiger beim Fußball
4. Steinanlegespiel
5. pigmentstoffarmes Tier
6. Stilepoche
7. span. Volkstanz
8. geländegängiges Motorrad
9. blauer Naturfarbstoff
10. nicht berittener Stierkämpfer
11. Bewohner der Arktis
12. Brücke in Venedig

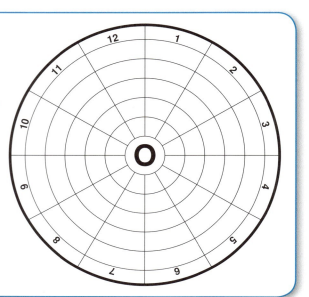

216 Tunnel

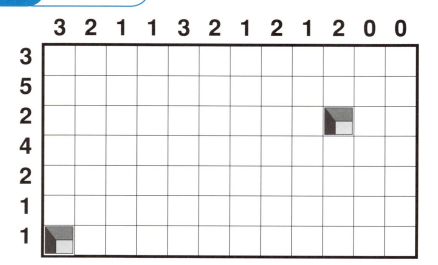

Mittelschwere Aufgaben

217 Summen-Sudoku

4		10		8	
	14	14	12		
		14	11		10
12		10		12	
	12	16			7
	11	11		14	
4			13	6	

218 Blindfeldsuche

Aus den in den Trennfeldern stehenden Buchstaben ergibt sich, zeilenweise von oben nach unten gelesen, ein Zitat von Novalis.

A	R	K	A	D	E	G	G	U	M	M	I	L	G	N
R	U	I	E	E	R	K	E	R	C	A	K	U	R	I
I	S	L	A	N	D	I	W	S	S	C	H	N	E	E
D	O	N	T	E	T	A	E	R	A	A	O	F	T	L
E	I	N	E	B	E	N	B	I	L	D	T	A	F	A
G	R	A	L	U	A	T	E	E	O	R	K	I	N	N
R	E	G	E	N	D	E	A	S	O	N	A	R	S	E
A	E	S	M	C	M	I	L	A	N	H	M	I	M	C
P	C	R	E	G	A	L	K	R	S	U	M	I	A	K
P	E	I	N	A	M	I	K	R	O	W	E	L	L	E
A	U	F	T	R	A	G	G	E	B	E	R	L	I	N

KÖNNER

219 Schwedenrätsel

Mittelschwere Aufgaben ★★

220 Zahlenrad

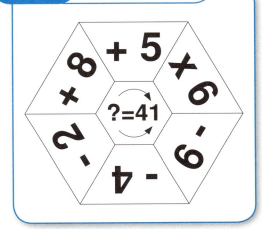

221 Rechenproblem

☐2 + ☐7 = 8☐
\+   +   +
☐21 + ☐03 = 3☐4
―――――――――――
13☐ + 2☐0 = ☐13

222 Ensaimada

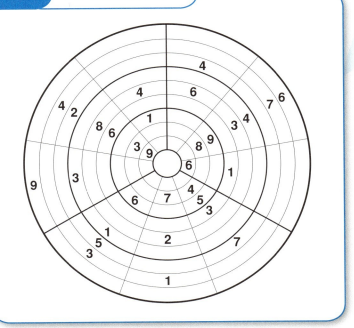

KÖNNER ★★

223 Am Faden

Wenn Sie den richtigen Anfang finden und den Linien folgen ergibt sich ein Zitat von Archimedes.

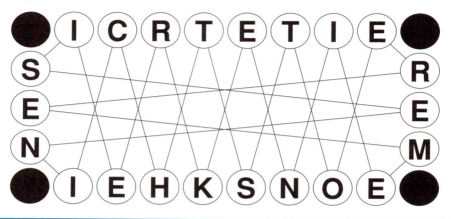

224 Darträtsel

1. Badegefäß
2. blaue Alpenblume
3. untergehen
4. ein christliches Fest
5. foppen
6. schneidern
7. hart, unnachgiebig
8. betrügen
9. nach innen
10. Vater und Mutter
11. innerhalb
12. maßregeln, rügen

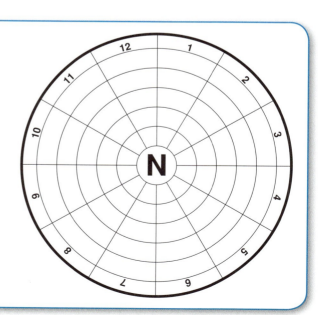

Mittelschwere Aufgaben

225 Rebus

226 Sudoku

8			12		4		1		5		
	10		4	8				12			
5	6			7		9			8	2	
10	1			6				7			4
4		5	9			10				8	
6	8			2	11	7				10	1
11	2				3	12	9			5	7
	12				8			1	2		11
7			8				6			9	12
		11	10			12		2		4	8
			7				10	2		11	
		9		1		11		3			6

KÖNNER ★★

227 Atomium

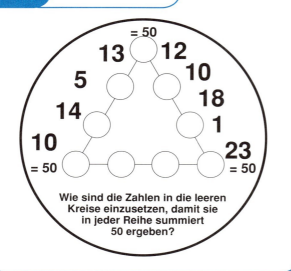

Wie sind die Zahlen in die leeren Kreise einzusetzen, damit sie in jeder Reihe summiert 50 ergeben?

228 Mittelwort

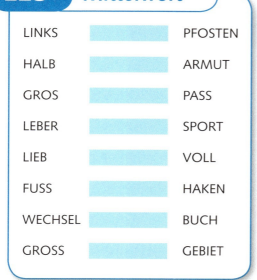

229 Zahlenpyramide

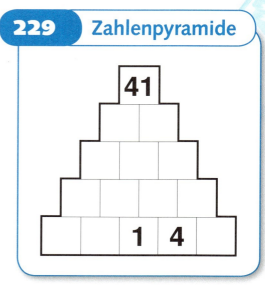

Mittelschwere Aufgaben

230 Sudoku Diff

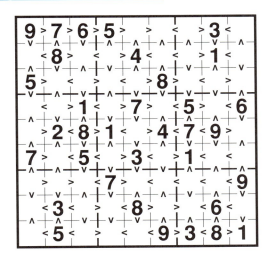

231 Spiegelrätsel

1 junges Rind – Lampenruß
2 Adelstitel in England – Schiffstau
3 französische Königsanrede – griech. Göttin der Zwietracht
4 Kitzel – Dekor
5 betriebsam – Sterbeort Wallensteins
6 gleichgültig – Getränkerunde

KÖNNER ★★

232 Blindfeldsuche

Aus den in den Trennfeldern stehenden Buchstaben ergibt sich, zeilenweise von oben nach unten gelesen, ein Sprichwort.

Z	U	F	L	U	C	H	T	S	O	R	T	A	J	E
A	V	E	U	T	O	T	C	P	H	E	I	G	E	N
N	A	S	A	E	T	I	M	O	B	I	L	N	S	O
K	B	S	L	S	O	M	I	T	I	B	N	K	U	R
D	B	E	B	E	N	E	N	S	E	A	R	L	H	M
M	A	L	U	E	H	P	I	N	S	C	H	E	R	N
F	T	I	E	L	E	A	N	O	C	H	D	M	E	L
T	A	B	L	E	T	T	E	T	H	M	A	M	M	E
I	A	E	I	N	L	R	E	S	E	N	K	E	I	I
E	D	D	A	N	L	O	R	E	N	K	K	O	I	N
R	O	E	S	T	E	N	R	T	N	K	U	T	T	E

233 Sudoku Even

	1	2	8	5		6		
				3				2
8	4		2	9			5	
6		1			9		2	
	7						3	
	2		6			7		9
	3			2	1		4	8
1				4				
		4		6	3	1	7	

Mittelschwere Aufgaben ★★

235 Business

Mike Streimer
----

234 Rechenproblem

```
☐1 + ☐69 = ☐60
 +     +      +
18☐ + 35☐ = ☐39
─────────────────
2☐2 + 52☐ = 7☐9
```

236 Rechenquadrat

22	−		+	21
−		−		×
	+		×	60
×		×		×
	×		−	58
98		18		90

237 Rebus

238 Tunnel

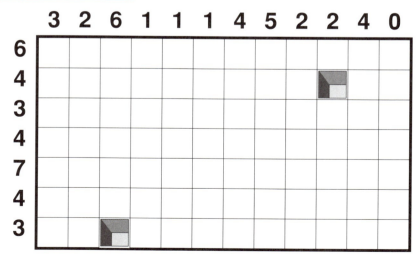

Mittelschwere Aufgaben ★★

239 Sudoku

	2		5	10		8				1	
8	1		6	2				5			9
		10		11					3		
	9	6				11	1		2		12
	12				9					6	
10	3					5		8	1		
		4	10		7					11	2
	6					1			9		
3		11		6	2				8	12	
	8					11		5			
11			7				4	3		1	6
2				3		7	6		10		

240 Darträtsel

1. poetisch: Insel
2. finanziell flüssig
3. widersinnig
4. Stadt am Meer
5. waschaktive Substanz
6. nordeurop. Inselstaat
7. Salz der Blausäure
8. das eigene Staatsgebiet
9. Buch der Juden
10. Stückzahlentlohnung
11. oval
12. sittliche Haltung, Anstand

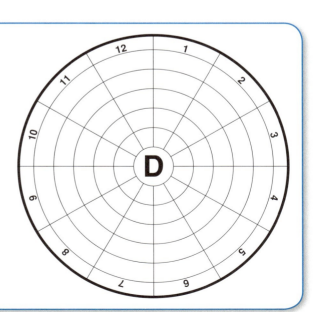

KÖNNER

241 Rätselgleichung

$$(a - b) + (c - d) + (e - f) + (g - h) = x$$

a = Feuererscheinung
b = junges Schaf
c = tragendes Bauteil
d = Zweig des Weinstocks
e = von kräftiger Statur
f = ein Börsenspekulant
g = Notlage
h = Spieleinsatz
x = die Schlusslösung

242 Ensaimada

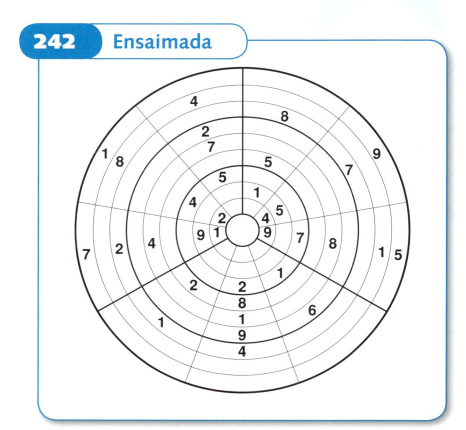

Mittelschwere Aufgaben ★★

243 Blindfeldsuche

Aus den in den Trennfeldern stehenden Buchstaben ergibt sich, zeilenweise von oben nach unten gelesen, ein Zitat aus der Bibel.

A	L	S	O	L	M	E	H	R	D	E	U	T	I	G
A	N	I	E	L	L	O	A	S	E	T	S	R	S	N
K	L	E	P	P	E	R	T	G	E	M	I	T	T	E
E	I	B	E	U	H	C	B	E	Z	U	G	H	R	N
R	G	A	E	D	R	A	L	L	N	S	U	V	A	G
G	G	E	L	E	E	S	U	E	O	E	D	E	I	E
V	E	R	N	K	A	L	E	K	T	U	E	R	E	N
D	L	E	D	R	E	I	M	M	I	M	W	T	A	V
B	A	G	U	E	T	T	E	S	T	D	E	R	L	E
A	G	E	N	T	A	H	I	P	I	E	T	A	E	T
B	E	R	G	S	B	O	N	U	S	T	A	G	I	O

244 Endstück

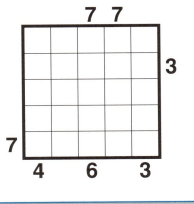

245 Zahlenrad

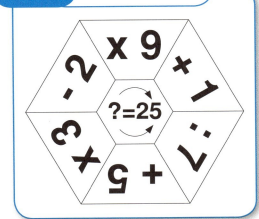

KÖNNER ★★

246 Trenne mit drei Strichen

247 Am Faden

Wenn Sie den richtigen Anfang finden und den Linien folgen ergibt sich ein französisches Sprichwort.

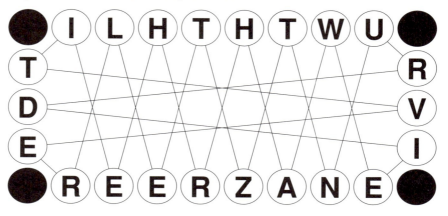

Mittelschwere Aufgaben

248 Summen-Sudoku

	10	14			3
3			19	15	
9	15		10		
		10		13	10
	15	11	7		
10				14	12
		11		10	7

249 Rechenquadrat

26	+		-	27
+		+		-
	x		-	29
x		-		+
	x		-	11
60		5		9

KÖNNER ★★

250 Sudoku

	3	7	4		1	2	8	
10	4	1				6	5	9
				9		8		
	11		9			3	7		10	1
	7		2			5		6		11
	8	6	3					4		
	11						9		4	5
3		9		5			11		1	
10	12		6	3			1		2	
				1	3					
		1	11	6				12	8	9
			4	12	8		10	6	1	

251 Rebus

Mittelschwere Aufgaben

252 Schwedenrätsel

KÖNNER

253 Rechenproblem

```
 7□ + □15 = □90
 +      +      +
□27 + 2□0 = 4□7
───────────────
 30□ + 4□5 = 7□7
```

254 Zahlenrad

? = 232

(x4, :2, x8, +6, +1, x6)

255 Blindfeldsuche

Aus den in den Trennfeldern stehenden Buchstaben ergibt sich, zeilenweise von oben nach unten gelesen, ein Zitat von Friedrich von Schiller aus „Wilhelm Tell".

B	A	L	T	H	A	S	A	R	V	A	E	V	O	R
A	N	O	N	Y	M	R	L	R	A	N	L	A	G	E
N	O	T	A	P	T	S	E	N	N	A	U	K	N	F
D	D	A	R	E	M	I	S	R	N	G	C	A	F	E
G	E	I	E	R	W	N	O	K	E	L	L	N	E	R
A	N	H	I	N	S	T	E	R	L	P	I	T	A	A
B	U	A	N	H	O	E	H	E	N	S	Q	C	E	T
E	N	G	H	I	R	R	T	D	I	F	U	R	I	E
L	U	R	E	N	B	A	P	I	L	L	E	L	N	L
N	E	A	N	Z	E	N	I	T	E	U	C	B	E	O
K	A	R	M	U	T	E	K	N	S	T	R	E	S	S

Mittelschwere Aufgaben ★★

256 Ensaimada

257 Tunnel

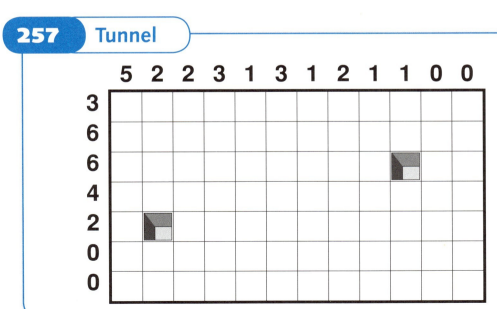

KÖNNER

258 Spiegelrätsel

1 römischer Liebesgott – fahrendes Volk
2 Fremdwortteil: vor – US-Westernlegende (Wyatt)
3 eine Getreidepflanze – alter Name von Thailand
4 Traubenernte – Lasttier
5 Kochstelle – Kniff, Trick
6 Vorname der Fitzgerald † – jede, jeder

259 Sudoku Diff

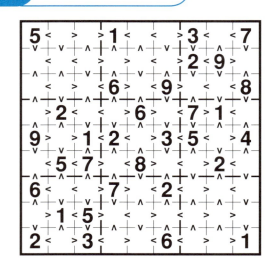

Mittelschwere Aufgaben ★★

260 Sudoku

4	5	10									3
6		2		5			4	12			
				7			6		2		
8	12					7	2				10
11		1	2	9		3		8	12		
			5	12	11	6		2			
			3		10	4	11	9			
		4	1		8		3	10	7		5
7				6	1					3	8
	2		11			5					
			6	3			9		4		1
1								10	9	2	

261 Rechenquadrat

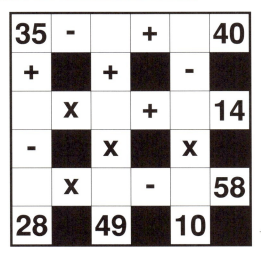

KÖNNER ★★

262 Sudoku

				2		11			12	3	
12				5						1	
7			6	12	8			5			
	8	9		10		3	7	5	2	11	1
5	2		3					4	7		
		7			9				3		
		3				1			4		
		1	4					3		10	6
8	9	12	10	3	4		6		11	5	
		4			11		12	6			9
	6				10						8
2	12			6		4					

263 Darträtsel

1. umsonst
2. Abbruch eines Gebäudes
3. kleiner Fehler
4. riesig, enorm
5. kleine Geldspende
6. Leere
7. Beifahrer, Teilhaber
8. Sohn (latein.)
9. Antrieb, Anstoß
10. grob gemahlenes Getreide
11. Kontur
12. ohne hilfreiche Idee

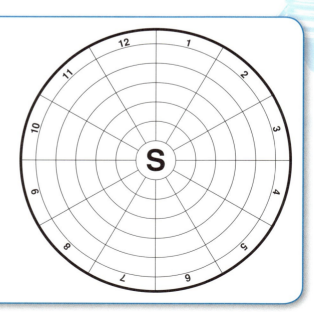

Mittelschwere Aufgaben

264　Rebus

265　Am Faden

Wenn Sie den richtigen Anfang finden und den Linien folgen ergibt sich ein Sprichwort.

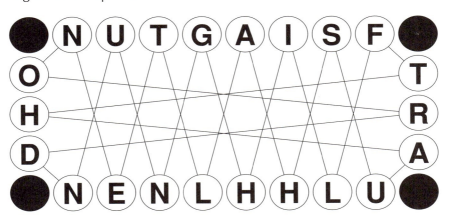

KÖNNER

266 Blindfeldsuche

Aus den in den Trennfeldern stehenden Buchstaben ergibt sich, zeilenweise von oben nach unten gelesen, ein Sprichwort.

B	E	G	E	I	S	T	E	R	N	M	N	A	S	E
E	A	I	S	E	N	R	S	I	O	N	E	N	O	K
F	O	L	S	L	R	E	C	K	E	D	I	E	S	Z
U	N	G	E	N	A	U	N	S	T	K	N	E	T	E
N	E	O	N	A	B	G	S	C	H	I	N	R	O	M
D	I	S	C	B	E	G	E	H	R	E	N	H	E	T
V	A	S	I	A	O	E	N	A	R	M	D	A	R	A
H	O	E	H	L	E	E	K	M	G	E	I	G	E	A
E	R	N	B	K	E	F	E	G	E	N	N	A	D	E
I	T	L	T	A	D	E	L	O	R	B	O	P	E	R
T	A	L	O	N	E	E	N	M	A	N	U	E	L	L

267 Atomium

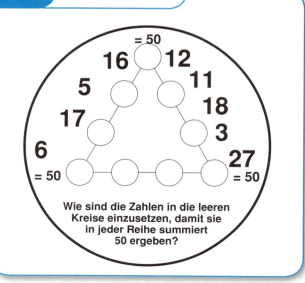

Wie sind die Zahlen in die leeren Kreise einzusetzen, damit sie in jeder Reihe summiert 50 ergeben?

Mittelschwere Aufgaben

268 Rechenproblem

```
 7 2 □  +  □ 2 1  =  8 4 □
   –          –          –
 4 □ 1  +   □ 3   =  4 □ 4
─────────────────────────
 □ 5 9  +  1 □ 8  =  3 6 □
```

269 Mittelwort

KREUZ		GETREU
HALS		HUETTE
KONTO		AKTIE
HAAR		WALD
FEHLER		ZEICHEN
SPRINKLER		BERATER
KAISER		BLUME
WEIT		GRENZE

270 Sudoku

			9	10				8			
12			2	6				9			
2			9	12	5		11	10			
	7	5		1	10		9		11	2	12
9	6							10	3		
		10			3	2		1			
		1	8	2				4			
		4	10							8	7
3	5	8		6		1	4		2	12	
		7		11		12	1	9			4
	3				7		6				11
1				8		5					

KÖNNER

271 Trenne mit drei Strichen

272 Sudoku Even

	3	1	9	4		6		
				2				1
9	8		1	7	6		4	
6		3			7			
	5						2	
			6			5		7
	2		4	1	3		8	9
3				8				
		8		6	2	3	5	

Mittelschwere Aufgaben ★★

273 Tunnel

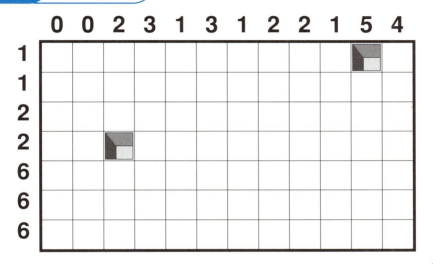

274 Darträtsel

1. Heiligenbilder der Ostkirche
2. die Unwahrheit sagen
3. Körperstellung
4. ohne Vergnügen
5. Windrichtung
6. Geräusch der Uhr
7. Schultornister
8. Staat in Südasien
9. Prüfung
10. Wettlauf
11. schleppen
12. ein Schiff erobern

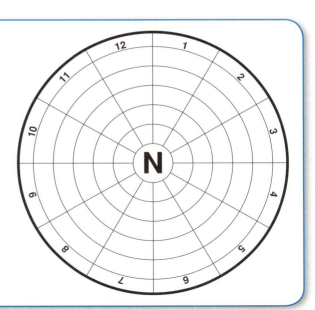

KÖNNER ★★

275 Rebus

276 Am Faden

Wenn Sie den richtigen Anfang finden und den Linien folgen ergibt sich ein Sprichwort.

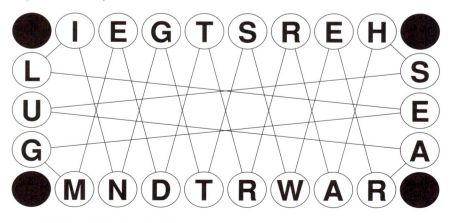

Mittelschwere Aufgaben

277 Summen-Sudoku

	11			8		5
		13	13		10	
10				12		8
6		17		13		
	10		14			10
	12	12			15	
5			10		11	

278 Rechenquadrat

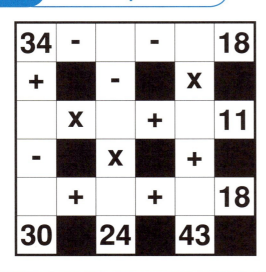

KÖNNER ★★

279 Ensaimada

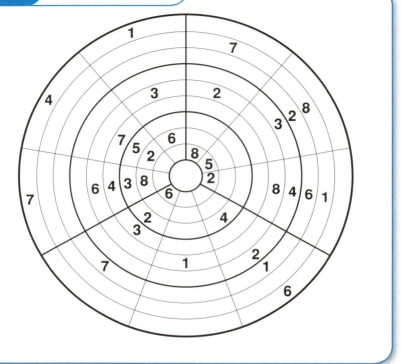

280 Rätselgleichung

$$(a - b) + (c - d) + (e - f) + (g - h) = x$$

a = Beginn
b = erjagtes Wild
c = ein Ruderboot
d = Dekor
e = Farbe zum Zeichnen
f = Wollstoff
g = genau richtig
h = Wort beim Poker
x = die Schlusslösung

Mittelschwere Aufgaben

281 Rechenproblem

```
 2 8   +  3    = 3   9
  +       +        +
 2 9   + 3 3   =     3 1
 ─────────────────────
   7 9 + 3   1 =     5 0
```

282 Endstück

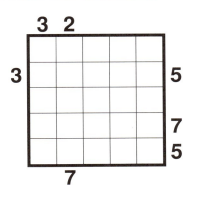

283 Blindfeldsuche

Aus den in den Trennfeldern stehenden Buchstaben ergibt sich, zeilenweise von oben nach unten gelesen, ein englisches Sprichwort.

M	E	K	K	A	B	S	P	U	T	N	I	K	E	R
S	F	S	E	S	S	E	N	E	E	R	L	E	W	A
S	E	I	F	E	Z	I	U	R	E	T	T	I	C	H
A	U	R	I	U	I	N	R	I	N	O	S	T	P	M
R	A	K	R	A	N	S	A	T	E	S	C	E	E	E
K	E	N	N	E	D	O	D	U	E	A	H	O	R	N
A	T	O	M	N	I	Z	D	A	T	E	I	E	D	I
S	T	L	A	P	E	D	A	L	L	R	S	L	T	U
M	E	L	D	E	N	G	U	A	P	A	P	I	E	R
U	T	E	R	R	N	O	E	D	E	I	U	N	I	C
S	T	H	R	U	E	H	R	U	N	G	T	O	L	M

KÖNNER ★★

284 Streichholzrätsel

XI + IV = XVII

285 Business

Rezo bändol
----

286 Zahlenrad

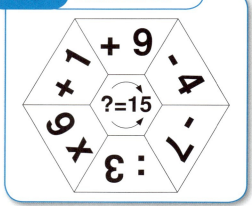

287 Rätselgleichung

(a – b) + (c – d) + (e – f) + (g – h) = x

a = Dolchhalterung
b = ein zartes Gewebe
c = ein Apostel
d = zusätzlich
e = kurze Sporthose
f = Kindertagesstätte
g = Gesamtheit
h = völlig, ungeteilt
x = die Schlusslösung

Mittelschwere Aufgaben

288 Schwedenrätsel

KÖNNER ★★

289 Tunnel

	0	1	1	2	2	4	2	1	1	1	0	0
4										◨		
2												
1												
1												
2												
2												
3	◨											

290 Sudoku

			9		5	12	3	7			
		8		1	7		12	11		4	
6	10		7		11						
8	2			6					7		
4					11		8	1		3	
	5	1	11	3	7	2	8		6		
	9			7		12	5	10	6	4	
5		4	12		10					9	
	7				8				12	1	
			10		4				1	12	
1		8	5		9	6		4			
		2	10	5	12		3				

Mittelschwere Aufgaben ★★

292 Business

ANDY KREVFÄUHER

----

291 Rechenproblem

```
 2 4 □ +   □ 8 = 2 □ 2
  +        +       +
 1 □ 8 + 4 7 □ = 6 4 □
 ─────────────────────
 □ 1 2 + □ 1 6 = 9 □ 8
```

293 Am Faden

Wenn Sie den richtigen Anfang finden und den Linien folgen ergibt sich ein Sprichwort.

294 Darträtsel

1. Gesamtheit der Zähne
2. extra, speziell
3. zu jener Zeit
4. flüchtiger Brennstoff
5. besonderes Ansehen
6. Weltwunder d. Antike, Rhodos
7. furchtsam, resigniert
8. ein großer Planet
9. französische Landschaft
10. zu sehr später Stunde
11. Volkszählung
12. ohne Ende

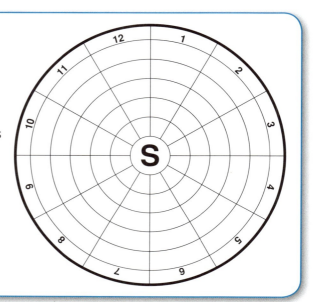

295 Rechenquadrat

37	-		-		24
+		+		x	
	x		x		84
-		-		+	
	x		-		19
31		13		29	

Mittelschwere Aufgaben

296 Rebus

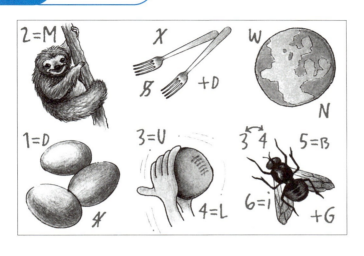

297 Sudoku

9	1			6		4					
			4		8	2		7	10		
			7		1	3	6	5			11
10	4	2	6			9	7			8	
8						6	2		4		7
1	9					10				11	
	11				2					5	10
3		1		9		12					4
	2			3	11	5		12	1	7	9
2		11	3	8	6		9				
		12	9		1	11		10			
					12			11		6	2

KÖNNER

298 Atomium

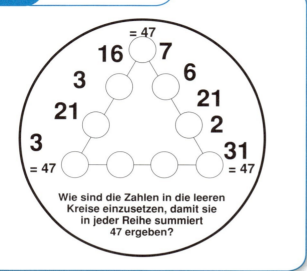

Wie sind die Zahlen in die leeren Kreise einzusetzen, damit sie in jeder Reihe summiert 47 ergeben?

299 Blindfeldsuche

Aus den in den Trennfeldern stehenden Buchstaben ergibt sich, zeilenweise von oben nach unten gelesen, ein Zitat von Blaise Pascal.

L	U	S	H	O	P	P	I	N	G	N	M	U	S	Z
A	L	K	N	R	O	M	T	E	E	K	E	T	T	E
M	A	A	R	R	O	B	P	I	R	A	T	R	I	D
A	O	G	C	A	L	A	I	N	H	R	E	O	L	E
N	R	E	B	U	S	E	N	B	M	O	N	T	U	R
T	U	N	E	L	R	G	I	N	A	E	E	I	S	D
S	M	A	D	A	R	L	E	H	E	N	M	T	K	A
P	A	L	E	E	I	A	N	I	D	T	B	I	S	S
F	E	L	G	E	L	S	A	R	E	M	U	S	N	Y
A	N	G	E	W	D	U	S	E	L	E	B	I	A	L
D	E	H	N	B	A	R	L	E	T	S	E	I	D	E

Mittelschwere Aufgaben ★★

300 Sudoku Even

		4						9
8			2		4			
		6	3			8	5	4
1	5		8		6		4	
		3		4		1	2	8
6	4	1				8	9	
				9		7		6
7						3		

301 Endstück

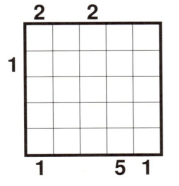

302 Zahlenpyramide

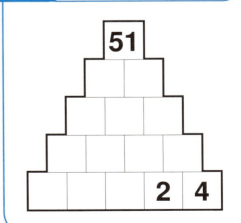

KÖNNER ★★

303 Business

Nat Warkt

----

304 Rechenproblem

```
 2□ + 1□ □0 = 1 7□
  +       +         +
□2 4 + 4 3□ = 5□ 0
─────────────────────
 1 4□ + □8 6 = □3 3
```

305 Rebus

Mittelschwere Aufgaben ★★

306 Ensaimada

307 Rechenquadrat

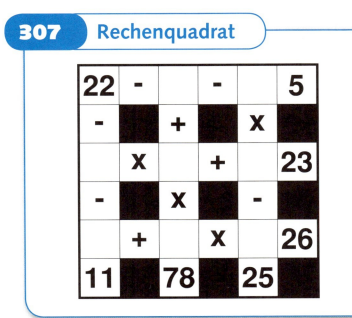

KÖNNER ★★

308 Summen-Sudoku

		12		11	5	
10				14		9
		12	12	12		
			10		15	10
8	15			9		
5			14		16	
		10	10			5

309 Spiegelrätsel

1 eh. Autorennstrecke in Berlin – Hauptstadt der Fidschi-Inseln
2 Sicherheitsriemen im Auto – Täuschung, Einbildung
3 Insektenlarve – holländ. Käsestadt
4 Aristokratie – Geliebte des Zeus
5 Spaltwerkzeug – artig, brav
6 Roman von Jane Austen – Kinderfrau

Mittelschwere Aufgaben

310 Am Faden

Wenn Sie den richtigen Anfang finden und den Linien folgen ergibt sich ein Sprichwort.

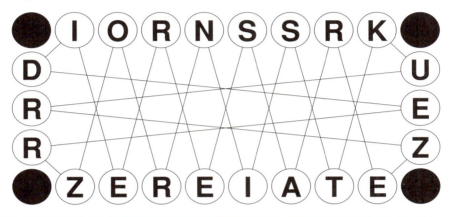

311 Trenne mit drei Strichen

KÖNNER ★★

312 Tunnel

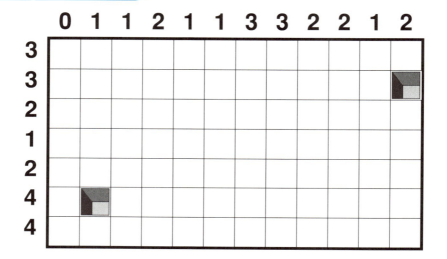

313 Darträtsel

1. Reise reservieren
2. sehr ausgelassen
3. Banknote
4. viereckiger Behälter
5. begeistert bemühen
6. ein Planet
7. winziges Längenmaß
8. Quatsch, Nonsens
9. außerhalb
10. fester Zeitpunkt
11. heftig ziehen, reißen
12. amerikanischer Erfinder † 1931

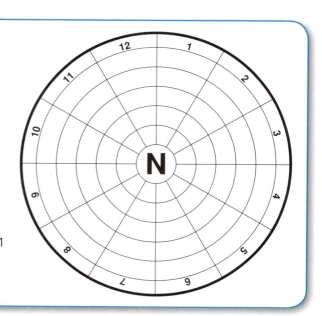

Mittelschwere Aufgaben ★★

314 Mittelwort

SCHLEUDER		GABE
HAND		STAG
RUND		ZIEL
ELFENBEIN		FALKE
WEIN		GURKE
RISIKO		STAG
GOLD		MANTEL
GROSS		TOCHTER

315 Zahlenpyramide

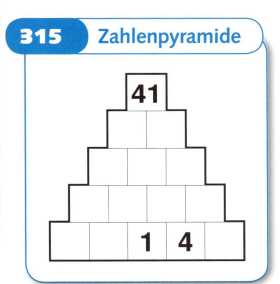

316 Zahlenrad

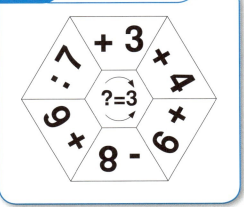

317 Business

Bert Meinarien

KÖNNER ★★

318 Rechenquadrat

40	−		−	26
−		+		−
	+		×	60
−		+		×
	+		×	40
25		10		12

319 Sudoku

6			3	7		12			11		
			7		11				2		
					8		1	10			
	9	12		5		10	3		1	8	
		8	11				12			3	4
	3			8	9		4			10	12
8	10			1		2	9			4	
4	2			11				6	5		
	7	9		10	4		6		11	1	
			8	6		4					
		6				5		12			
	4				1		7	9			6

Mittelschwere Aufgaben ★★

320 Am Faden

Wenn Sie den richtigen Anfang finden und den Linien folgen ergibt sich ein russisches Sprichwort.

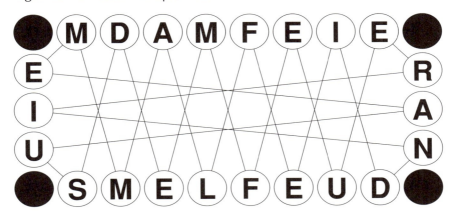

322 Rechenproblem

321 Endstück

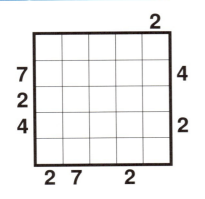

KÖNNER

323 Schwedenrätsel

Mittelschwere Aufgaben ★★

324 Sudoku Diff

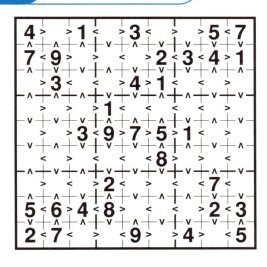

325 Atomium

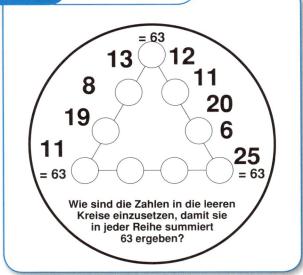

Wie sind die Zahlen in die leeren Kreise einzusetzen, damit sie in jeder Reihe summiert 63 ergeben?

KÖNNER ★★

326 Rebus

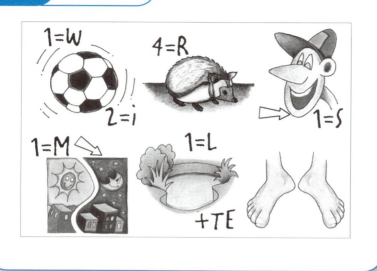

327 Ensaimada

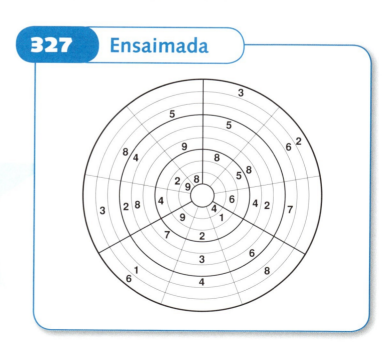

Mittelschwere Aufgaben ★★

328 Tunnel

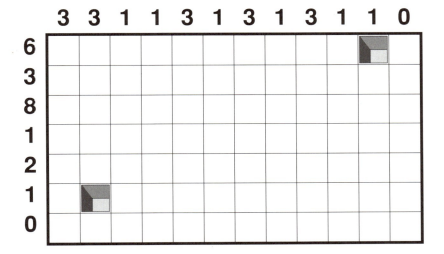

	3	3	1	1	3	1	3	1	3	1	1	0
6
3
8
1
2
1
0

329 Spiegelrätsel

1 männliches Schwein – Weinstock
2 „Mutter" in der Kindersprache – Vorbeter in der Moschee
3 Reizstoff im Tee – Metallbolzen
4 schwed. Tennisspieler (Björn) – derb, ungehobelt
5 Diebesgut – Vorname des Sängers Ramazotti
6 Teppichoberfläche – Vorname Hochhuths

KÖNNER ★★

330 Business

Pia Zäckberinz

----

331 Zahlenrad

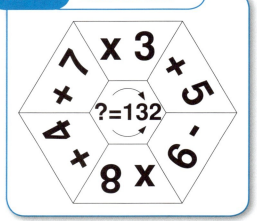

332 Sudoku

				12	11		2		1		
12				9			7	3			
1	9	5	11			3					12
8						12	3				4
11				7		8		12	6		
10			9	2	6	5		7			
			1		3	2	10	11			7
		10	8		7		9				2
5				1	4						8
7					1			10	5	11	6
			10	6			11				3
	1		3			4	5				

PROFIS
★★★
Schwere Aufgaben

PROFIS ★★★

333 Selfmade-Salat

ABSEGNEN
ANBAHNEN
ANDY
CABS
CLAN
DADA
DIAGNOSE
DROPS
EBENE
EINWAND
FEIND
GELB
GOENNEN
GRAUGELB
KINN
KNESSET
LAND
LEBEN
LETTLAND
MAGD
MIKRO
NEBEN
PFAND
REGAL
SCHAEFER
STEHLEN
STELE
STRENG
TOKIO
URNE
VENE
WEDA

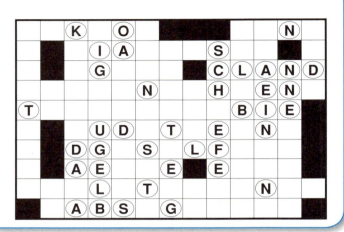

334 Tunnel

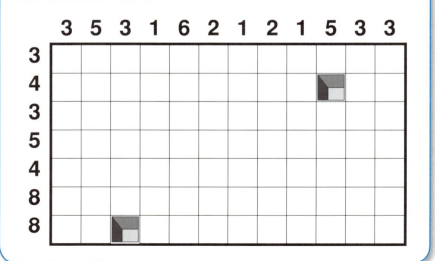

Schwere Aufgaben ★★★

335 Zahlenrad

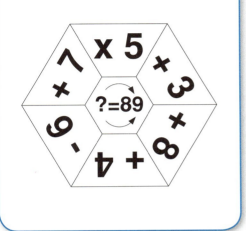

336 Symbolrätsel

337 Buchstabenschieben

U	U	T	T
T	R	N	S
O	O	N	N
O	N	N	N
O	G	I	G
E	C	H	G
A	C	E	E
A	A	C	A

Y			
Y			
Y			
Y			
Y			
Y			
Y			
Y			

PROFIS ★★★

338 Samurai

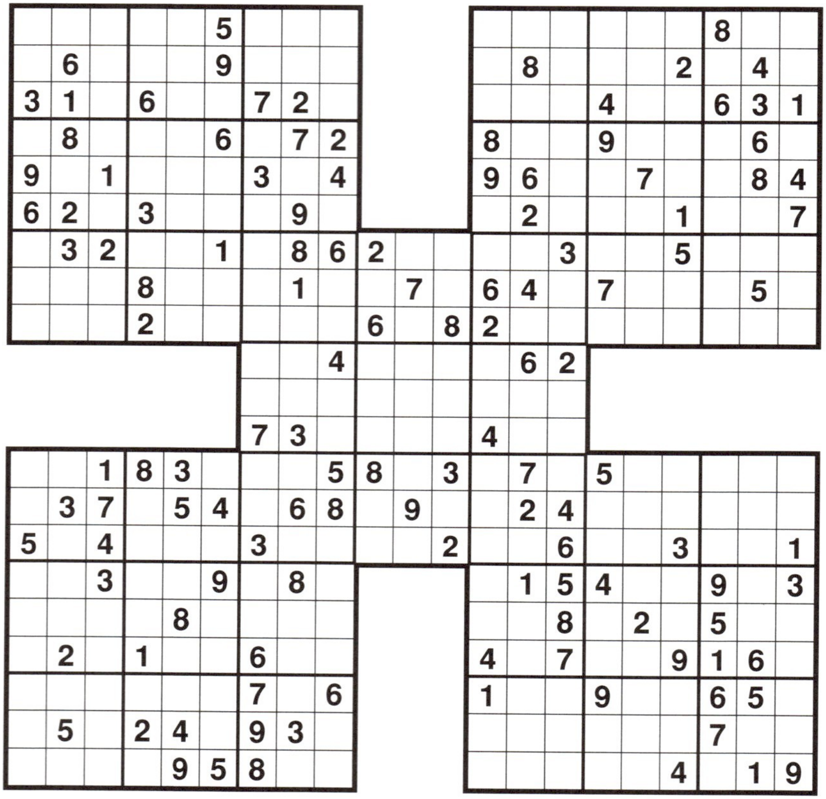

339 Streichholzrätsel

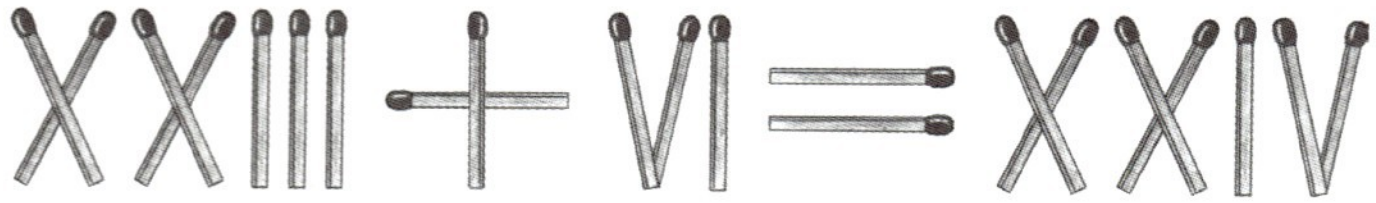

Schwere Aufgaben

340 Zitatsuche

C	U	S	J	U	Y	T	B	I	O	Q	F	T	R
O	T	Q	D	R	H	R	M	A	N	S	W	W	E
X	U	U	C	S	N	L	U	T	B	C	H	T	S
F	E	G	Z	G	F	Z	A	N	N	I	N	B	V
W	C	J	U	V	A	E	K	T	U	R	S	I	B
F	E	B	J	I	S	H	I	J	P	E	V	R	K
P	N	N	I	Z	K	Z	B	T	L	L	A	T	S
N	E	D	G	N	I	F	I	B	U	J	Y	I	E
W	E	R	G	F	C	H	M	V	Y	U	S	T	D
M	F	C	K	G	D	T	E	H	R	T	I	X	D

341 Hitori

8	8	8	7	4	3	5	2
5	3	4	1	1	1	7	2
6	6	6	8	7	5	1	2
1	2	5	4	7	6	6	3
2	4	2	6	7	8	3	5
3	5	7	5	8	4	2	1
4	5	3	3	3	2	8	8
7	5	1	2	6	4	8	8

PROFIS ★★★

342 Silbengewirr

Sumpf-, Ackervogel –
ein Monatsname –
still, ohne Geräusch –
Zahl über dem Bruchstrich –
Wissensdurst –
ältestes historisches Volk –
angerichtete Speisen –
Angeh. einer christl. Sekte –
höchster Berg im Harz –
nachgebend, elastisch –
große Gartenfrucht –
Wortbedeutungsinhalt – entzückend, charmant –
alter Handwerksberuf –
Wundstarrkrampf –
Frauenname –
Nase der Elefanten –
Erfolg beim Schießen –
ein Singvogel –
anmutig

AR – BAER – BAP – BE – BEL – BIEG – BIS – BITZ – BRO – BRU – BUE – CKEN – FE – FER – FETT – GER – GIER – GRIFF – KIE – KUER – LAUT – LER – LER – LIEB – LOS – ME – MUEL – NEU – NUS – REI – REI – RER – ROHR – RUES – SAEN – SAM – SEL – SU – TA – TE – TIST – TREF – ZAEH – ZEND – ZEND

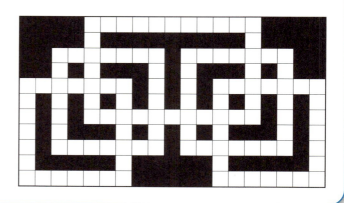

343 Symbolrätsel

344 Schüttelrätsel

Stark – Natur – Pesen – Ruhen – Leiden – Altai – Regie – Tuner – Rennen – Stege

Schwere Aufgaben

345 Zahlenschlange

1	14	4	6	9	9	2	6	9	8
4	13	22	11	16	5	22	21	12	21
15	7	13	19	23	10	7	7	6	16
22	18	12	14	23	18	12	10	21	19
20	4	7	18	16	21	16	15	6	20
9	9	3	5	9	2	4	8	6	17
18	18	18	23	3	20	11	22	4	24

346 Rätselwurm

Nach rechts unten: 1. besitzanzeigendes Fürwort, 2. Ackergrund, 3. Schlitten, 4. gepflegte Grünfläche, 5. Tuch herstellen, 6. Mönch mit Priesterweihen, 7. Kautschukmilch, 8. Kniff, Trick, 9. magische Silbe der Brahmanen

Nach links unten: 2. Abk.: Bund, 3. niederl. Name der Rur, 4. Schöpfer der Plastik „Der Denker" †, 5. Beinmuskeln, 6. ugs.: eilen, rennen, 7. Klebemarke, 8. Fakten, 9. die Position ermitteln, 10. Ozean

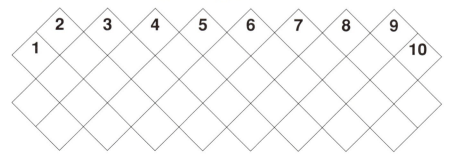

PROFIS ★★★

347 Reduktion

Schwere Aufgaben ★★★

349 Sudoku

	10	11		4		3		8
	3			6				12
2				10		3		
	8	11	3		10	1	4	7
		5	10				6	3
	1		5			10		
	9			8		1		
7	2					10	9	
	12	8	9	1		6	2	4
			4	2				1
11				7			5	
9		3	12	11		7		

348 Schüttelrätsel

Geber – Heuern –
Strich – Drehen – Image –
Marone – Lachen –
Unehre – Sterne – Eiger

350 Zahlenrad

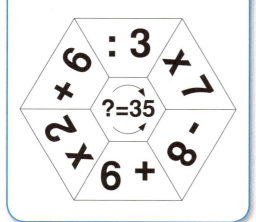

351 Schach

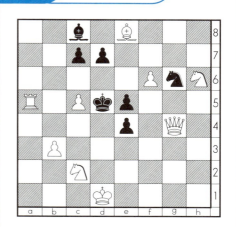

PROFIS ★★★

352 Sprüche

Die Balken sind so zu verschieben, dass die waagerechten Reihen ein Zitat von Mark Twain ergeben.

1	2	3	4	5	6	7
GE	NI	EN	SU	RW	WE	DE
NN	DE	HN	OC	HD	ER	AC
ST	ER	ZW	EN	ZI	EN	AN
UT	IN	EI	EN	RP	GM	NE
GT	DI	RE	GE	ET	RE	TT

353 Zahlenpyramide

Top: 94
Bottom row: 1 _ _ _ 4

354 Solingo

2÷		2−		2÷		1−		504x
3−	10x		42x	216x	36x	**2**		
	2÷					**3**	7+	
18x		7+			5÷	30x		1−
	2÷		**3**	42x		7÷	17+	
3÷		10x			56x			1−
3−	54x	9+		30x		3÷		
		48x				4÷		6x
7x		14+		2−		4÷		

Schwere Aufgaben

355 Sudoku

	2			4	5	3	12		
	12			1	8	7	2		5
	10		11						
11						2		4	
	3	10				11			9
2			5			9	6	12	
		4	9	7			11		2
3				4				7	9
	11		2						6
					6			10	
10		11	1	12	8			9	
			3	10	7	9			8

356 Selfmade-Salat

ALOE
ANORAK
BANKNOTE
BRAD
FEATURE
FUNKTION
GAMS
HAENDLER
INGE
IRANER
KANU
KEINER
LEISTUNG
MASS
MOMENTAN
NEBENAN
NIVEAU
OBOE
OUTFIT
PROTEGE
RADIKALE
RINGER
SAKKO
SKALAR
STUNK
TIBERIUS

PROFIS ★★★

357 Summen-Sudoku

	10	10			5
5			14	16	
6	9		15		
		10		15	10
	14	14	14		
10			12		9
		14		5	5

358 Buchstabenschieben

T	S	Z	Z
N	O	T	Z
N	I	O	O
M	I	O	N
L	I	L	M
D	D	I	L
D	A	G	E
B	A	E	A

I			
I			
I			
I			
I			
I			
I			
I			

Schwere Aufgaben

359 Symbolrätsel

360 Schüttelrätsel

Stuten – Senna – Forsch – Semit – Terra – Serbe – Darin – Eklat – Dirne – Negus

361 Ensaimada

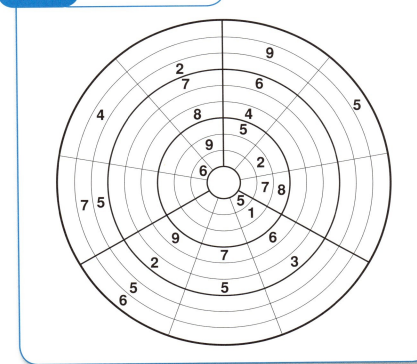

PROFIS ★★★

362 Flickwerk

Die folgenden Wörter sind so in die Grafik einzusetzen, dass ein französisches Sprichwort entsteht.

Boese das das den die Dreistigkeit Gute haben hat muss Mut Wenn

			E					S		
		S							E	
			K					A		
			D						D	
			U					E		

363 Zitatsuche

R	F	E	I	N	M	A	L	E	Q	N	E	N	S
I	V	E	X	B	L	W	A	B	B	N	U	M	Y
T	W	I	G	S	P	V	X	H	R	E	J	U	S
U	G	O	L	O	R	Q	B	B	U	Y	I	D	V
J	G	S	Y	X	O	V	S	O	T	Z	R	N	B
C	A	T	S	D	H	O	L	S	G	T	O	K	O
N	I	S	T	N	J	N	X	V	R	E	Q	C	D
E	H	Z	M	U	A	X	L	B	J	Q	O	I	K
D	E	I	Y	L	N	A	M	S	Z	U	W	P	U
R	E	I	M	A	Z	O	S	U	F	B	I	I	I

Schwere Aufgaben

364 Samurai

(Samurai-Sudoku-Gitter)

365 Streichholzrätsel

PROFIS ★★★

366 Buchstabenschieben

S	T	R	S
R	S	O	O
N	S	L	O
M	O	H	N
	L	E	N
D	I	E	N
B	D	A	M
A	A	A	A

I			
I			
I			
I			
I			
I			
I			
I			

367 Schach

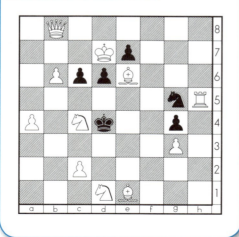

368 Sudoku

		6			7		9	11		1
					1			7	3	
	8	1		10		4				
7			10	12					9	3
	1				3		4	6		7
9	3			8	5	10				12
10					2	11	4		8	5
5		8	9		1				11	
11	4						12	1		10
					11		8		3	5
	5		8				3			
12			2	9		5			4	

Schwere Aufgaben

369 Rätselwurm

Nach rechts unten: 1. Lehnsarbeit, 2. Vorname des Sängers Gott, 3. zittern, 4. anti, wider, 5. Auszeichnung, 6. Flugnavigator, 7. Strom durch Pakistan, 8. Autor von „Momo" †, 9. weggebrochen (ugs.)
Nach links unten: 2. Kfz-Z. Kaufbeuren, 3. Haarwuchs im Gesicht, 4. deutscher Dichter † 1890, 5. Pariser Ebenist, Tischler † 1763, 6. größtes Tasteninstrument, 7. aus gebranntem Ton, 8. Pressefalschmeldungen, 9. Hochgebirge in Südamerika, 10. eine Tonart

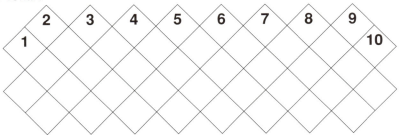

370 Tunnel

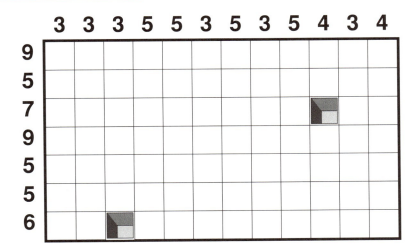

PROFIS ★★★

371 Flickwerk

Die folgenden Wörter sind so in die Grafik einzusetzen, dass ein Zitat von Theodor Fontane entsteht.

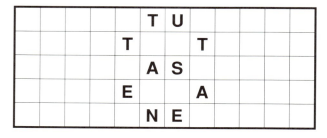

auch Beste das das Die ist Natuerlichkeit nicht nur sondern Vornehmste

372 Silbengewirr

Stiegen –
Gewässerrand –
Binnenmeer in Kasachstan –
Gewürzpflanze –
Leiterin eines Bühnenstücks –
frühe Jazzform –
Besieger der Medusa (Sage) –
Cleverness, Schläue –
Kunsttanz –
Pflanzensamen –
populär –
langes Priestergewand –
Gralsritter –
blauer Farbton –
geschäftiges Tun –
Gegenteil von Praxis –
scharfes Gewürz –
Parole d. Franz. Revolution –
Fahrbahn –
„weiße Ameise"

A – BAL – BE – BEN – E – FER – FER – FIG – GA – GIS – GUT – KA – KEIT – KIS – LETT – LI – LIEBT – MI – NE – O – PA – PEN – PER – PFEF – PFIF – PRI – RAG – RAL – RE – RIE – RIN – SAAT – SEE – SEE – SEU – SEUS – SOU – SSE – STRA – TA – TAN – TE – TE – TER – THE – TIME – TREI – TREP – TRIS – TUER – U

Schwere Aufgaben

373 Sudoku Diff

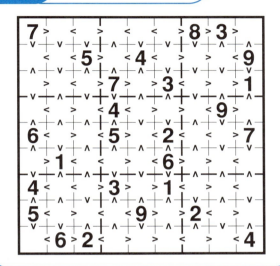

374 Zahlenschlange

1	14	12	9	8	5	4	13	18	5
10	11	18	7	2	15	24	14	4	19
16	21	21	3	22	13	3	16	7	13
10	24	2	8	18	7	16	23	19	25
16	3	18	14	3	18	13	21	16	6
5	6	24	3	24	6	2	15	22	20
10	11	11	4	11	11	8	12	17	26

PROFIS ★★★

375 Mamo

Entfernen Sie zehn Streichhölzer, um vier Quadrate zu erhalten.

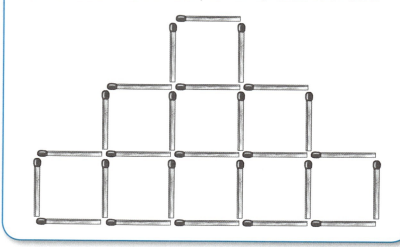

376 Sprüche

Die Balken sind so zu verschieben, dass die waagerechten Reihen ein Zitat von Jack Nicholson ergeben.

1	2	3	4	5	6	7
EI	LY	OL	NE	EH	EI	NH
TW	NS	EI	OD	IS	WO	IE
SH	ES	SS	OE	NE	CH	EI
UE	IE	TZ	DE	SK	BA	HL
CH	AB	LL	IC	HS	ML	NE

Schwere Aufgaben ★★★

377 Selfmade-Salat

- ALTEISEN
- DEKADE
- DOSE
- DOZENT
- DUMMHEIT
- EDEN
- EDITION
- EGER
- ELKE
- ERDKUNDE
- ERST
- ETIKETTE
- ETLICHE
- FASAN
- GERADE
- GRAS
- HOHN
- KAIRO
- KAMERA
- MIEZE
- OESE
- PUTE
- RADE
- RAKI
- RAUPE
- ROBERT
- SCHUERZE
- SEEGRAS
- TANGO
- TEEKANNE
- TIER
- TIGERHAI
- ULKIG

378 Sudoku

5			6	3				10
3	6	1			7			12
			4	10				
8	7	10					6	
		5	2		12		7	
		11	4		8	3	1	5
7		9	1	8		3	2	
	4		12		11		3	
	11					12	6	4
			3	8				
11			7			4	10	9
6				10	1			7

379 Schüttelrätsel

Oliven – Lauer – Erste – Unfrei – Lemur – Teilen – Schuh – Tetra – Greta – Lippen

PROFIS ★★★

380 Symbolrätsel

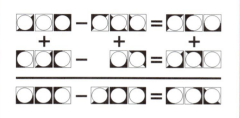

381 Schüttelrätsel

Teuer – Genus – Patzer – Plenum – Lauer – Jonas – Rosten – Tunika – Rogen – Trage

382 Silbengewirr

Frauenbeinkleid –
gleichmütig –
Luftleitvorrichtung –
Lastenhebefahrzeug (Kw.) –
künstlerisch –
ruhmreich –
Gleitweg –
Abordnung, Delegation –
Hunderasse –
tropische Pflanze –
analog, entsprechend –
früher, einst –
Denksportaufgabe –
Affäre, Eklat –
anständig, ernsthaft –
Denksportzeitschrift –
balkonartiger Anbau –
Zollbeamter –
rundes Blumenbeet –
Großherzigkeit

DAL – DEL – DELL – E – E – EL – GE – GLO –
GRE – GREN – HE – HEFT – HO – ISCH – LER –
LER – LER – MAESS – MALS – MI – MU – MUT –
NE – NI – NUS – OES – OS – RAET – RAET – RI –
RI – RI – RON – SCHIE – SE – SE – SEL – SEL –
SISCH – SKAN – SOEL – SPA – SPOI – STAP –
STO – STRUMPF – UM – ZER – ZI

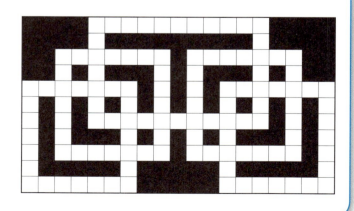

Schwere Aufgaben ★★★

383 Ensaimada

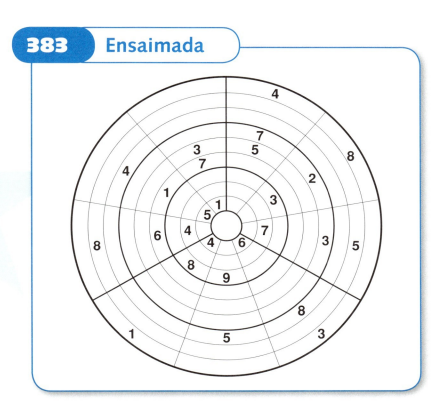

384 Flickwerk

Die folgenden Wörter sind so in die Grafik einzusetzen, dass ein Sprichwort entsteht.

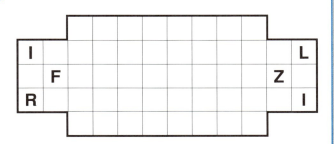

Axt einem einen findet leicht man man Stiel uebel Wenn will zur

PROFIS ★★★

385 Zitatsuche

T	S	C	H	L	B	E	F	L	U	T	E	N	N
A	R	E	Y	A	E	I	O	W	L	F	T	Q	C
G	U	T	E	E	G	S	L	N	E	E	H	D	R
N	F	N	W	B	E	D	G	E	N	P	B	A	S
H	U	A	G	Z	U	N	T	E	I	L	L	O	M
E	Z	R	M	M	O	Y	E	Y	O	Y	C	V	Q
T	R	F	N	P	M	F	Y	P	P	M	A	F	P
N	E	N	C	K	U	S	H	J	R	J	V	J	V
G	I	I	P	I	L	Z	P	S	D	O	B	I	J
C	B	E	N	S	F	D	G	M	M	S	G	W	Z

386 Buchstabenschieben

Y	V	S	S
Y	T	R	R
H	R	O	N
F	O	O	N
E	N	E	L
E	L	E	H
E	L	E	A
A	A	C	A

X				
X				
X				
X				
X				
X				
X				
X				

Schwere Aufgaben

387 Hitori

2	2	1	6	8	3	5	7
3	4	7	6	8	1	4	2
6	1	5	7	8	2	8	4
5	3	3	3	1	2	8	6
8	7	5	2	4	6	1	2
4	6	8	7	2	5	6	1
2	5	7	1	4	8	2	7
2	8	6	5	3	4	7	1

388 Zahlenschlange

1	23	21	12	3	13	23	12	21	14
12	13	15	16	2	8	14	6	18	18
20	6	19	4	8	15	4	20	13	12
8	17	4	10	19	11	22	7	6	18
3	15	9	14	19	6	16	23	23	10
22	5	4	11	10	3	18	13	2	21
20	18	8	16	16	17	3	11	15	24

PROFIS ★★★

389 Sudoku

		3	11		9		5		
9			10			5		3		8
		2						6	
11	3				9		6	2	
		8				10			4
	5		4	3	1			10	
		4				5	8	2		1
	10				3			8	
		1	5			12			7	6
	9						11		
2		3		7				1		12
	6			8			2	5	

390 Tunnel

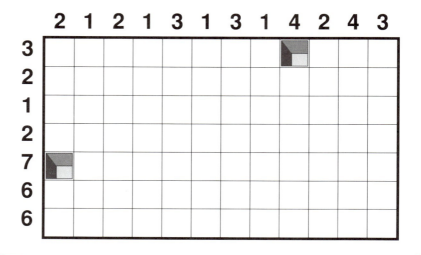

Schwere Aufgaben ★★★

391 Reduktion

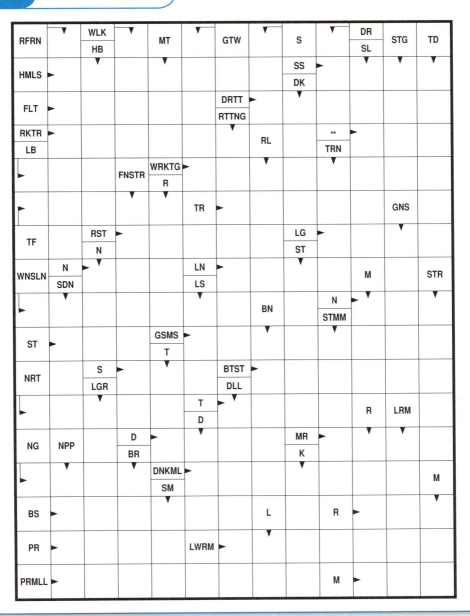

PROFIS

392 Selfmade-Salat

AERA, ATUE, BRUNO, DAHEIM, DEMO, DEMOKRAT, DRESSMAN, ENID, FRIEDEN, HAAR, IKONE, INRI, MARKANT, MOPS, MYTHOS, NEKTAR, NESTOR, ODEM, OLDTIMER, OMINOES, ORNAT, POLIZIST, RABBI, RIED, ROLLER, ROMY, ROTEBETE, SEEN, STERZ, TARA, TEAM, TERZ, THAILAND, WEITAB

393 Sprüche

Die Balken sind so zu verschieben, dass die waagerechten Reihen eine Lebensweisheit ergeben.

1	2	3	4	5	6	7
AS	FD	DA	CK	GL	UE	AU
NN	MA	RT	WA	IC	HT	RF
NN	DE	MM	KO	DA	NN	EN
IC	SN	US	NM	HT	MA	TE
AN	AR	EN	IT	AR	BE	SD

Schwere Aufgaben ★★★

394 Zahlenrad

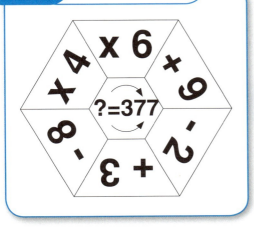

395 Symbolrätsel

396 Summen-Sudoku

5			10			5
	13			12	14	
	17	13			10	
8			12	12		
	12	14				9
9			13		13	
		10		9		5

397 Streichholzrätsel

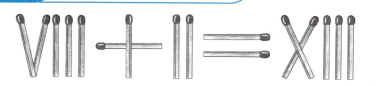

398 Samurai

	5			6						6							
8	9				2							3	6				8
			8	6						8			4		5	2	
7		9		4						5					3		4
	1	6		4	9					3	1			6		9	7
		5			1		2					8		7			3
		7		4				4	7	3		9		2			6
	2				9	7	3				5			8	3		
		9			5												4
					2		6	5									
						8											
					3	9		2									
		9									5				7		4
		8		1				9	3		2				6	9	
5	1		4		2	9	7			4				9			
	5	1	4			7			2		8		7				
6		3			8		2										
	8			6	4	1							8		7		1
	7	4	2			6	1					5			4	3	8
	2			7						8	3			1			
				1					1		2				7		

Schwere Aufgaben

399 Rätselwurm

Nach rechts unten: 1. Pariser Flughafen, 2. Skilanglaufspur, 3. ein Indogermane, 4. Maß der Magnetfeldstärke, 5. Blütenstandsform, 6. kretischer Sagenkönig, 7. zunächst, 8. filigran, 9. Flächenmaß
Nach links unten: 2. Departementhptst. (St. ...), 3. Flechtwerk, 4. unvollständig, 5. franz. Schauspielerin (Julie), 6. Traubensäfte, 7. Höhenrücken bei Köln, 8. span. Gasthaus, 9. süddänische Insel, 10. früherer Berliner Sender (Abk.)

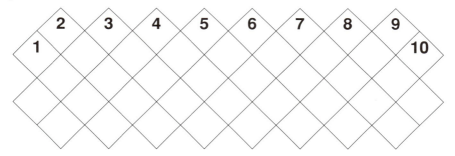

400 Zitatsuche

T	E	I	R	D	D	E	N	H	Q	X	E	R	F
R	T	W	J	S	A	O	S	T	E	W	L	E	D
A	S	S	O	S	C	H	N	I	P	E	T	T	R
W	H	G	H	J	C	N	P	R	X	R	M	N	V
G	U	N	E	G	J	F	M	C	Y	B	B	G	P
A	N	L	A	E	C	G	F	A	U	C	V	B	X
M	N	B	N	G	M	F	T	L	C	P	B	M	T
R	N	G	N	P	Z	D	O	H	F	A	F	U	J
W	E	Z	U	J	U	P	M	K	T	C	D	A	M
H	Z	S	M	O	Y	F	F	F	J	G	Y	N	S

PROFIS ★★★

401 Schüttelrätsel

Liebe – Nelke –
Eigelb – Leder – Riese –
Geist – Staub – Feiern –
Arnold – Knute

402 Sudoku

	3			11	4						
								11		5	1
		11		8	2	7	5				4
	8	12					6	5			
	10		9	11	1						12
	6		2				10		1		
		10		9				2		11	
8					1	4	9		3		
			5	12					10	4	
4				5	10	12	11		3		
12	2		6								
					9	6			4		

403 Zahlenrad

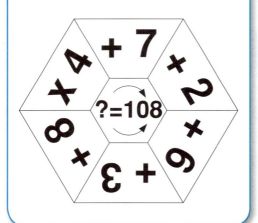

?=108 with ×4, +7, +2, +6, +3, +8

404 Schach

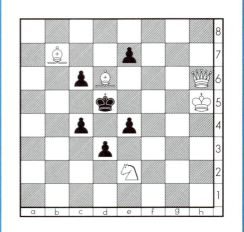

Schwere Aufgaben

405 Silbengewirr

nicht verschwenderisch –
unaufmerksam –
öffentliches Verkehrsmittel –
Hühnervogel –
Himmelswesen (Mz.) –
Fenster im Wachturm –
Abgabe, Entgelt –
Teil des Pfefferminzöls –
Zustrom –
Süßwasserfisch –
rösten, braten –
Nachtgewand –
benommen –
Tadel, Maßregelung –
Oper von Wagner – Film–
Sternchen –
gekünstelt, affektiert –
statt dessen –
essen –
Kontinent

ACHT – AN – AN – AU – AUS – BUEHR – BUS –
DERN – DRANG – ERD – FEN – GE – GE – GOET –
GRIL – GUCK – HAEU – HUHN – KARP – KEN –
LEN – LET – LOS – MEN – REB – SAM – SCHEL –
SCHLAF – SEN – SER – SON – SPAR – SPEI – STAR –
TANN – TE – TEIL – TER – THOL – TO – TRUN –
ZIERT – ZUG

406 Flickwerk

Die folgenden Wörter sind so in die Grafik einzusetzen, dass ein chinesisches Sprichwort entsteht.

Ein eroeffnen es es geoeffnet Geschaeft halten ist ist leicht schwer zu

PROFIS ★★★

407 Zitatsuche

J	P	J	V	O	K	O	C	Q	I	K	J	D	B
B	O	D	P	J	I	D	V	U	R	H	A	N	K
M	M	F	E	L	W	E	K	Z	E	Y	V	C	W
P	U	L	K	B	S	N	C	N	D	N	U	N	B
J	T	M	H	V	B	L	P	D	C	M	M	F	Y
Z	V	P	W	B	U	W	T	E	Q	O	V	E	F
O	F	F	K	F	E	U	E	I	F	Z	E	I	W
S	D	J	D	T	S	O	W	T	U	R	N	Z	E
E	S	T	N	H	F	F	E	V	D	E	M	U	D
S	I	A	I	C	R	V	N	O	M	H	M	U	N

408 Sudoku Diff

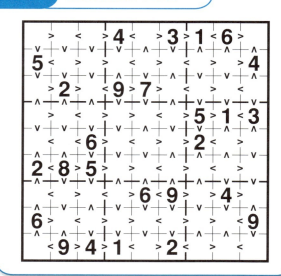

Schwere Aufgaben

409 Buchstabenschieben

R	U	U	S
R	O	T	S
R	L	S	S
R	I	S	N
O	I	S	M
L	B	L	L
E	A	E	E
A	A	B	A

G			
G			
G			
G			
G			
G			
G			
G			

410 Tunnel

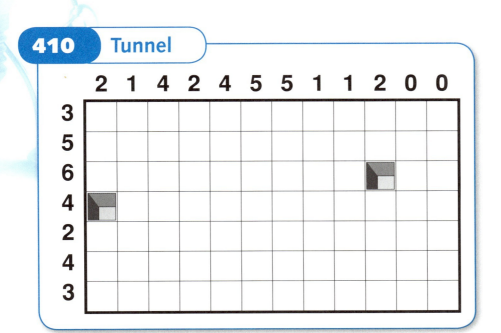

PROFIS ★★★

411 Rätselwurm

Nach rechts unten: 1. Tonne, 2. hinteres Schiffssegel, 3. Flüssigkeitsmaß, 4. Dingwort, Substantiv, 5. Unverbrauchtes, 6. dt. Kunsthistoriker †, 7. südamerikanischer Tanz, 8. Staat in Vorderasien, 9. Kurort im Allgäu
Nach links unten: 2. Abk.: Beruf, 3. Jazzführungsstimme, 4. Lausei, 5. kleine Rechnungen, 6. griech. Verwaltungsbezirke, 7. wert, lieb, geschätzt, 8. Eselslaute, 9. Vogelwelt, 10. spanischer Männername

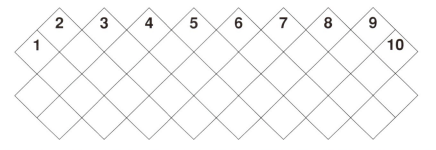

412 Mamo

Entfernen Sie acht Streichhölzer, um drei Quadrate zu erhalten.

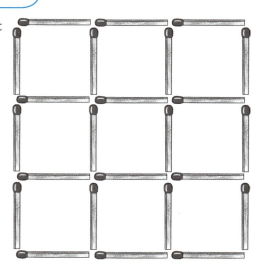

Schwere Aufgaben ★★★

413 Zahlenschlange

1	24	25	25	22	15	10	2	17	24
17	10	16	6	9	5	2	21	6	2
25	2	11	12	21	14	3	23	17	24
3	21	12	4	18	3	25	11	9	19
8	6	4	25	19	22	24	8	4	4
25	16	13	12	23	6	13	14	20	15
14	22	20	21	9	3	7	5	15	26

414 Sudoku

415 Zahlenpyramide

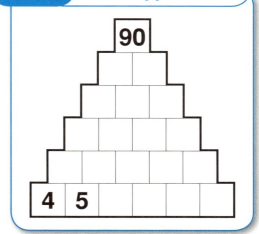

PROFIS ★★★

416 Flickwerk

Die folgenden Wörter sind so in die Grafik einzusetzen, dass ein Zitat von Heinrich Heine entsteht.

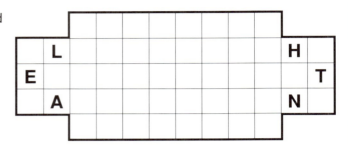

an die die durchgeliebt faengt Freundschaft Hat Liebe man man

417 Ensaimada

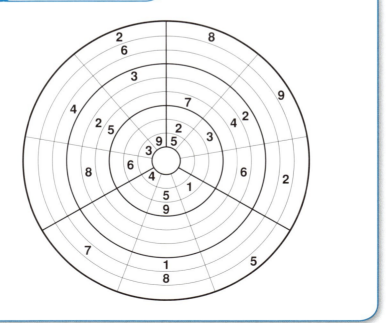

Schwere Aufgaben ★★★

418 Selfmade-Salat

- AHOI
- ANET
- BABE
- BLIND
- CHRONIST
- DAME
- EHEMALS
- EISEN
- ERREGT
- EXOTE
- FEIG
- GENERELL
- HANDFEST
- KOKA
- LEGER
- MIMIK
- NOLTE
- NUSS
- OERE
- PLUM
- POTSDAM
- ROBINSON
- ROSENROT
- SINGAPUR
- SPOT
- STOER
- STOLA
- TAIPEH
- VERLEGER
- WALNUSS

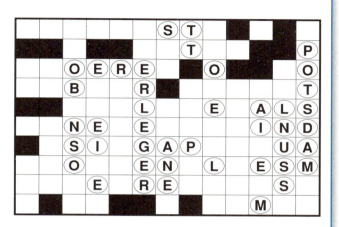

419 Schach

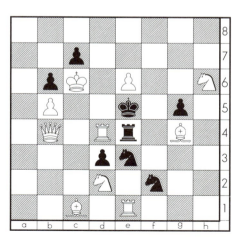

PROFIS ★★★

420 Zahlenrad

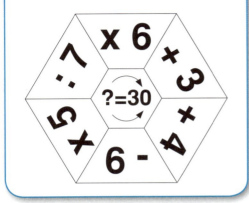

421 Solingo

48x		16+	4÷	5–		3÷		30x
6+	3–			11+		13+		
		5+	12+	4–	6	15+		1
9÷	4			14+			9	3
	3÷	6	2÷		7x		12+	15+
8		1–	48x	15+				
21x	63x				60x	6x		15+
		8÷	6			16x		
30x			10+		7	12x		

422 Buchstabenschieben

U	S	T	O
U	N	S	E
O	N	M	E
I	M	K	E
E	M	I	E
A	M	H	E
A	G	E	D
A	C	B	A

R			
R			
R			
R			
R			
R			
R			
R			

Schwere Aufgaben ★★★

423 Zitatsuche

L	T	N	Y	E	M	C	C	O	V	O	A	T	H
U	K	D	Z	S	Z	S	M	N	S	V	E	R	E
J	G	K	Y	H	J	F	C	Q	Y	E	S	S	T
N	V	C	W	Q	H	A	N	L	R	D	I	R	E
T	C	K	T	T	F	B	W	W	I	B	E	W	D
M	S	F	W	Z	U	V	S	E	K	O	E	S	E
Q	A	L	G	E	N	E	N	D	W	I	Q	C	R
E	C	R	R	G	S	S	L	K	T	W	Y	I	L
N	U	R	R	U	I	K	O	R	V	F	J	E	X
R	J	D	E	N	W	D	J	B	Z	Z	E	U	W

424 Tunnel

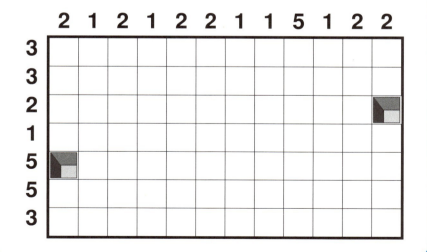

PROFIS ★★★

425 Hitori

6	5	1	8	2	4	3	5
2	4	1	5	8	3	2	6
7	7	3	4	1	4	8	7
4	8	6	7	4	2	6	1
5	2	7	3	6	8	1	3
1	6	5	2	7	7	7	8
1	2	5	6	3	8	4	2
1	3	2	8	7	6	5	4

426 Rätselwurm

Nach rechts unten: 1. norwegische Münze, 2. Wohnzins, 3. persönlicher Geschmack, 4. Türeinfassung, 5. Hochmoorpflanze, 6. Händlerviertel im Orient, 7. orientalisches Fleischgericht, 8. plötzlich, 9. Musikträger (Abk.)

Nach links unten: 2. Sänger der 60er (Billy) †, 3. unbändiges Verlangen, 4. „Zürich" i. schweiz. Volksmund, 5. streichbare Masse, 6. Stoffkante, 7. Schiffsladung, 8. Vorname des Athleten Owens †, 9. französischer Maler † 1893, 10. englische Briefanrede

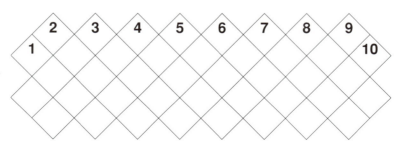

Schwere Aufgaben ★★★

427 Sprüche

Die Balken sind so zu verschieben, dass die waagerechten Reihen ein Zitat von Lucius Annaeus Seneca ergeben.

1	2	3	4	5	6	7
SS	CH	CH	EI	LE	TW	NI
NW	IR	RI	WA	GE	ST	WE
ER	NW	IC	SO	ND	HT	SN
HT	WA	LW	SN	IC	IR	EI
HW	ER	NI	ES	SC	ST	GE

428 Zahlenpyramide

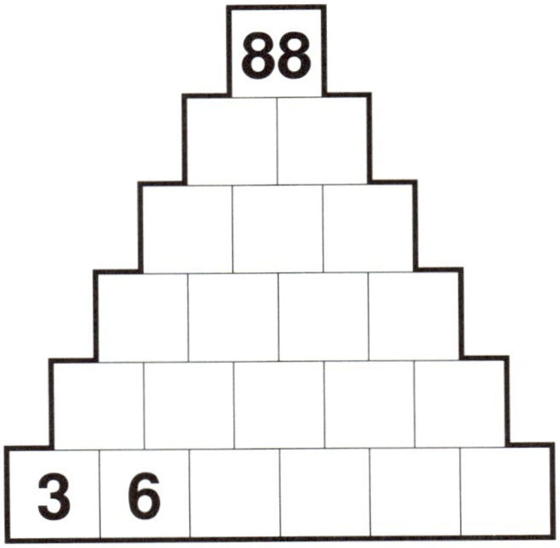

Top: 88
Bottom row starts: 3, 6, ...

429 Symbolrätsel

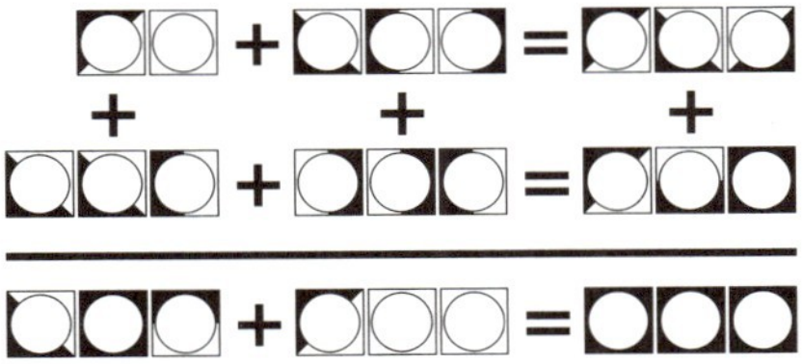

PROFIS ★★★

430 Reduktion

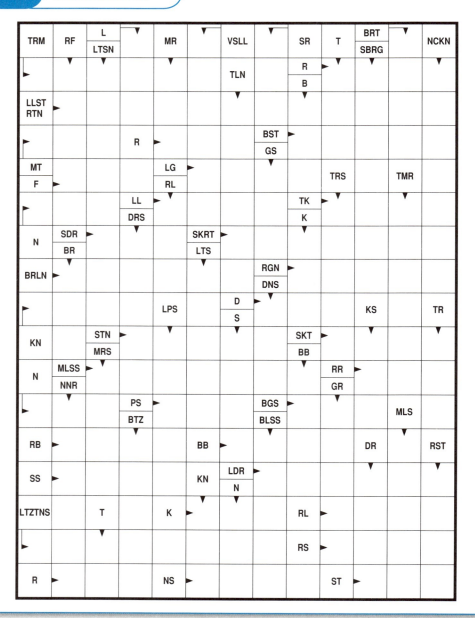

Schwere Aufgaben

431 Schüttelrätsel

Dragee – Zielen – Thema – Rumba – Feinde – Scheit – Nulpe – Rinde – Recke – Ehrung

432 Symbolrätsel

433 Silbengewirr

menschliche Geräusche – Hundelaut – Vitamin A (chem.) – aufwärts – Arroganz – Tennisturnier – öffentlich loben – spannend, fesselnd – Schauder – angeglichen – Gedenkstätte – weibliche Elternteile – ärztliche Instrumente – deutsches Weinbaugebiet – Bildschirm – Erwerber – mindern, reduzieren – anleiten, leiten – vollkommene Schöpfung – kleine Standardmenge

AUF – BE – BERG – CKEND – CKUNG – DUEN – EL – FER – FORM – FUEH – GRAEU – HES – KAEU – KEL – KNUR – KON – KUER – MAHN – MAL – MAS – MEIS – MEN – MEN – MO – MUET – NI – NOL – PA – PA – RE – REN – REN – RHEIN – RUEH – SEN – STECK – STIM – TER – TER – TERS – TI – TOR – WERK – ZEN

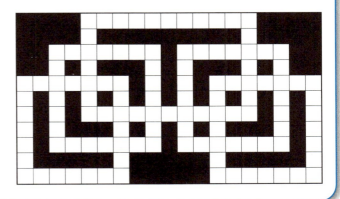

PROFIS ★★★

434 Sudoku Diff

435 Buchstabenschieben

O	T	T	O
I	R	S	O
E	N	R	K
E	M	M	E
A	M	I	E
A	M	I	A
A	K	G	A
A	F	B	A

M				
M				
M				
M				
M				
M				
M				
M				

Schwere Aufgaben

436 Zahlenschlange

1	13	7	30	40	39	16	17	7	39
25	31	35	4	8	36	11	24	19	5
36	27	32	28	3	21	14	2	7	24
41	6	2	26	29	15	38	20	5	26
26	37	33	20	18	4	24	5	9	22
3	41	40	36	11	26	10	14	21	12
7	18	30	18	19	34	13	10	23	42

437 Sudoku

	7		9		2	4		5			
			5				9		6		
	8	5	10		12						
9			10	1						2	6
	5				6		12	7			9
2	6			8	11	10					1
10				3	4	12				8	11
11		8	2		5				4		
4	12						1	5			10
				4		8		6	11		
	11		8				6				
1			3	2		11			12		

PROFIS ★★★

438 Summen-Sudoku

3			8	10	
	9	10			12
	9		16	14	
10		12		14	
			14	13	7
12	17			10	
		10		7	3

439 Symbolrätsel

◯◯ + ◯◯◯ = ◯◯◯
+   +   +
◯◯◯ + ◯◯◯ = ◯◯◯
─────────────────
◯◯◯ + ◯◯◯ = ◯◯◯

440 Zahlenrad

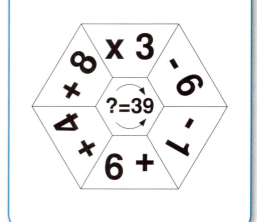

441 Tunnel

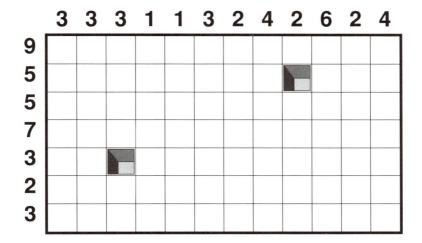

442 Zitatsuche

B	P	H	H	G	N	X	W	D	C	V	Y	L	L
M	L	P	O	P	P	H	L	V	O	I	D	W	I
D	P	A	D	D	C	N	A	Q	L	F	B	R	P
Y	T	O	F	A	N	R	V	L	P	C	W	E	S
A	X	U	J	I	Z	K	G	G	S	A	O	D	T
Y	L	M	L	M	C	O	Y	R	U	R	Z	N	E
R	H	A	W	P	Y	I	K	U	H	F	P	E	T
T	N	C	O	Q	D	M	Z	X	K	A	R	D	U
N	I	T	S	S	I	U	S	W	E	U	E	J	Q
J	C	H	I	S	T	Z	C	H	R	F	U	G	N

PROFIS ★★★

443 Samurai

444 Schüttelrätsel

Podest – Retro – Report –
Sperre – Tenne – Talent – Sekans –
Rosten – Orden – Tune

Schwere Aufgaben ★★★

445 Schach

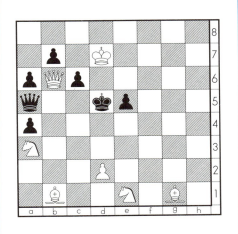

446 Sudoku

				7			3	12
		1	5		4			2
	10	4	3			1		
		8	2	1		9		
		7		8	5		11	1
4				10	11	12		5
3			6	12	2			7
8	6		4		5	12		
		10		9	3	8		
		5				11	7	10
6			7		11	2		
2		3		9				

447 Symbolrätsel

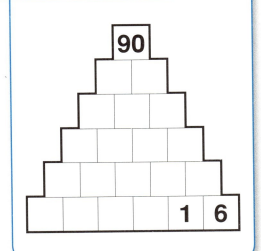

448 Zahlenpyramide

Top: 90

Bottom row: ... 1 6

PROFIS ★★★

449 Schach

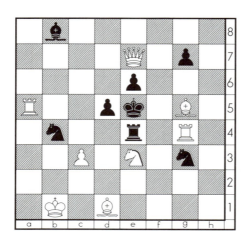

450 Zahlenschlange

1	8	3	4	13	7	11	11	4	3
10	13	14	11	12	4	5	2	9	14
10	5	17	8	5	10	15	4	14	12
17	9	13	5	17	9	2	13	8	13
12	13	9	9	7	5	6	8	5	3
10	11	11	11	16	6	14	16	4	6
6	4	6	16	2	12	17	15	7	18

Schwere Aufgaben ★★★

451 Rätselwurm

Nach rechts unten: 1. Brutstätte, 2. Schlechtwetterzonen, 3. Hauptstadt in Nordafrika, 4. dt. Rechtschreibbuch, 5. Titel russ. Kaiserinnen, 6. offen anerkennen, 7. natürl. Zeichnung im Holz, 8. Bankkontoart, 9. Tierprodukt
Nach links unten: 2. int. Kfz-K. Tunesien, 3. Lebewesen, 4. Zerstäubungsvorrichtung, 5. Berufsverband im MA., 6. Ferienort in Tirol, 7. latein.: gute Sitten, 8. franz. Schauspieler † (Jean), 9. Schwermetall, 10. Inseleuropäer (Mz.)

452 Solingo

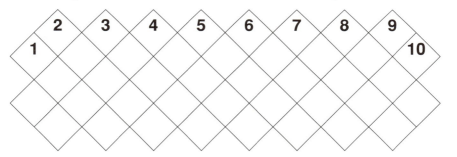

PROFIS ★★★

453 Selfmade-Salat

- AGRO
- ANNO
- BLOED
- BORG
- ELAN
- EPIK
- FONDUE
- GEBILDET
- GEDIEGEN
- GEMAHL
- GERMANEN
- GREIS
- ISIS
- KUSINE
- LUFTPOST
- NEUERUNG
- NUDEL
- PNEU
- POST
- ROADSTER
- SAUM
- SPANIEN
- UGANDA
- VEHEMENT
- WALL
- ZUCCHINI

454 Sudoku Diff

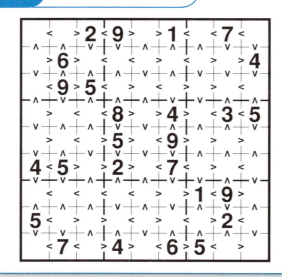

Schwere Aufgaben ★★★

455 Ensaimada

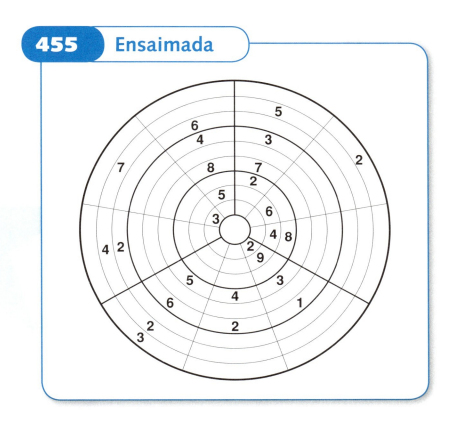

456 Flickwerk

Die folgenden Wörter sind so in die Grafik einzusetzen, dass ein russisches Sprichwort entsteht.

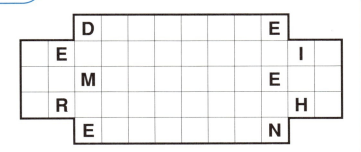

als besser der Die Lehrer meinen nicht Schueler sein sollen zu

PROFIS ★★★

457 Sprüche

Die Balken sind so zu verschieben, dass die waagerechten Reihen ein Zitat von Erich Maria Remarque ergeben.

1	2	3	4	5	6	7
ES	NN	OE	SE	RG	VE	NK
TD	IM	HE	AS	IS	EN	GE
WI	EN	UG	GE	SE	NI	RJ
WE	TD	AL	RD	IR	DW	EN
ER	NG	RU	IN	CH	UR	NE

458 Symbolrätsel

459 Zahlenpyramide

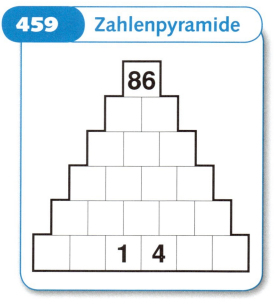

Schwere Aufgaben ★★★

460 Hitori

6	1	5	2	7	8	8	4
1	8	2	1	6	7	4	5
2	3	5	8	7	6	6	4
2	4	6	7	3	3	1	5
4	3	1	6	2	5	7	8
3	6	3	5	2	4	2	1
7	6	8	4	2	1	5	3
8	5	6	3	4	2	3	1

461 Buchstabenschieben

E	X	O	T
E	U	L	S
E	N	H	R
E	L	H	R
A	G	E	N
A	D	E	I
A	C	E	E
A	C	E	E

H				
H				
H				
H				
H				
H				
H				
H				

PROFIS ★★★

462 Zahlenrad

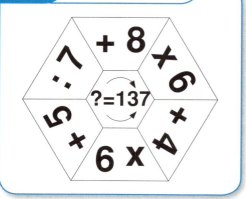

463 Symbolrätsel

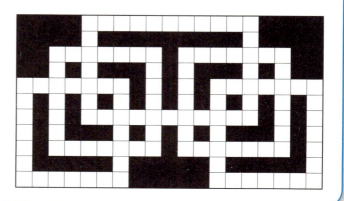

464 Silbengewirr

Übertragung –
Autor von „Emilia Galotti" –
Berührung –
Gerichtshof im antiken Athen –
Beitrag in einer Zeitung –
tugendhaft –
Haarklammern –
Boot von Naturvölkern –
orientalische Märchenfigur –
Körperteil –
Ersatzanspruch –
Fabelname für den Fuchs –
erstes Buch Moses –
leicht stoßen –
öffentl. Bekanntmachung –
schubsen –
entsetzlich –
Meeresdünung –
Hospital –
Entwässerungsleitung

A – A – AB – AR – AUS – BA – BA – BAUM –
EIN – FLUSS – FU – GANG – GE – GE – GEN –
GRAU – GRESS – HANG – HAUS – KE – KEL –
KEN – KON – KRAN – LES – LI – NE – NE – O –
ON – PAG – RE – RE – REI – SAESS – SAM –
SEE – SEN – SI – SIG – SING – SIS – SITT – SPAN –
SSEN – STO – STUP – TAKT – TI – TRANS

Schwere Aufgaben ★★★

465 Samurai

466 Streichholzrätsel

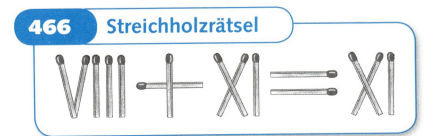

PROFIS ★★★

467 Sudoku

11				4	9				
	12			7					1
		7	1		2		3		5
		11		6			5		
		5	10					4	7
	9	4		8	11	5		6	2
	7	9		11	10		3	1	6
3	8						10	12	
		10			12			11	
6			3		9	1		10	
2					8			3	
			3	10					4

468 Solingo

9+	1	15+	13+	8÷	24x	2÷		7
	7					5	30x	18x
	11+	3	12x	7	32x			
14+		2÷		90x	2÷	7	2−	
	54x				3÷	3−		
3−		7÷	11+	1−	54x		18x	5
						36x		48x
7−	2÷	3−	7÷	10+			144x	
				20x				1

469 Mamo

Legen Sie sechs Streichhölzer so um, dass drei Rechtecke entstehen.

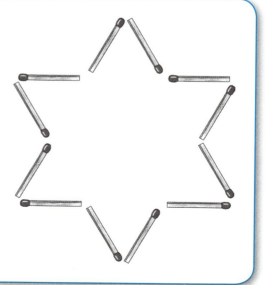

Schwere Aufgaben

470 Schach

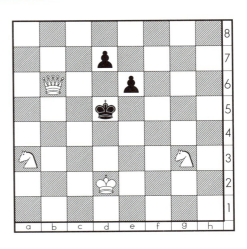

471 Flickwerk

Die folgenden Wörter sind so in die Grafik einzusetzen, dass ein Zitat von Hanns Dieter Hüsch entsteht.

Auch die die gehoert Heiterkeit Leichtigkeit Philosophie und zur

472 Ensaimada

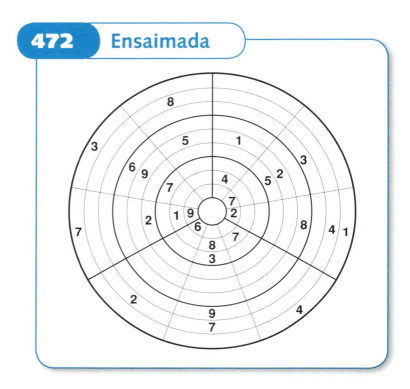

473 Zahlenschlange

1	16	7	9	18	22	13	6	21	3
27	12	3	13	11	25	8	11	20	19
21	2	16	27	18	23	15	26	7	12
13	13	19	26	9	17	14	3	13	18
10	9	11	15	11	5	2	24	4	8
14	17	6	8	27	3	5	24	10	22
20	23	24	25	23	8	27	3	19	28

Schwere Aufgaben ★★★

474 Reduktion

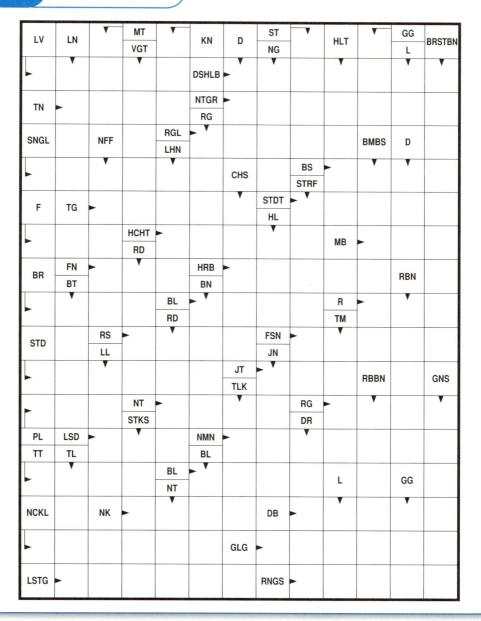

PROFIS ★★★

475 Sudoku

6		7			11			12			
	8	3		12						4	6
				7			9		8		
8	3		7	5				10			
	5	2		6		1				9	7
	4	6		10	12			5			
			6			12	3		8	11	
9	10				8		4		7	6	
			8					10	2		12	9
	7	11				8					
10	1						12		2	7	
		8			11				3		1

476 Mamo

Entfernen Sie sechs Streichhölzer, um neun Quadrate zu erhalten.

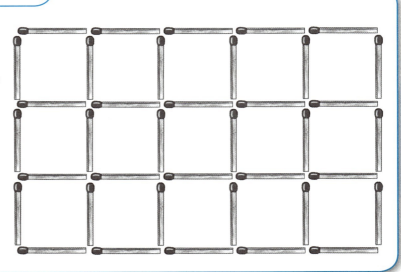

Schwere Aufgaben

477 Tunnel

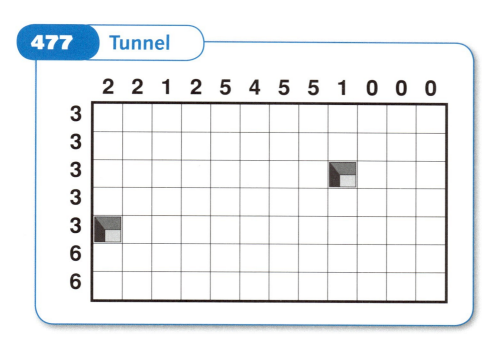

478 Sprüche

Die Balken sind so zu verschieben, dass die waagerechten Reihen ein Zitat aus „Faust" von Johann Wolfgang von Goethe ergeben.

1	2	3	4	5	6	7
SM	NI	AN	WA	CH	TW	EI
DA	BE	SE	SS	NB	RA	UC
EM	UN	AN	HT	DW	AS	MA
EI	KA	SS	NW	NN	MA	NN
HT	BR	GE	IC	AU	CH	EN

PROFIS ★★★

479 Hitori

3	3	6	7	5	8	5	2
4	2	5	1	1	6	8	4
5	5	8	6	8	4	4	7
7	1	2	4	1	3	6	3
1	8	3	5	4	2	4	3
5	2	1	8	1	7	3	4
6	4	8	7	5	1	7	6
6	7	1	2	3	2	1	1

480 Sudoku Diff

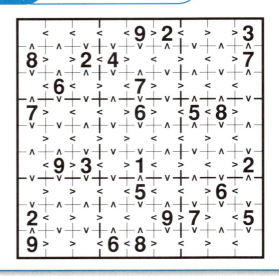

Schwere Aufgaben ★★★

481 Silbengewirr

vertraglicher Vorbehalt –
Lebewesen –
ein Märchenland –
die neue Welt –
Heilbehandlung –
Strauch mit gelben Blüten –
Rundbau –
energisch –
Anlasser beim Auto –
Sitz der Stadtverwaltung –
Heiltrank –
Gesangskünstler –
Hersteller des früheren Zustands –
Arzneiröhrchen –
Staatsanwalt –
Gefahr für Alpinisten –
erster künstlicher Satellit –
babylonisches Volk –
künstliche Zahnfüllung –
nordisches Herdentier

A – A – A – AM – DE – E – GAM – GE – GER –
GER – GINS – HAUS – KA – KLAE – KLAU –
KRE – LE – LI – LI – LI – LUT – MAL – MAS –
ME – ME – NIK – PUL – PUT – RA – RAT – RE –
REN – RER – RES – RI – RO – SA – SAEN –
SCHLAG – SEL – SO – SPUT – STAR – STEIN –
SU – TAU – TER – TER – TIER – TOR – TUN –
TUR – XIER

482 Symbolrätsel

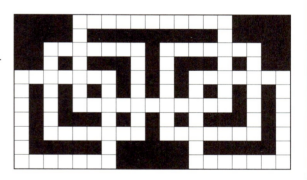

483 Schüttelrätsel

Helfen – Serum –
Mimen – Tokio – Paseo –
Nieder – Seine – Rudel –
Schal – Suite

PROFIS ★★★

484 Zahlenrad
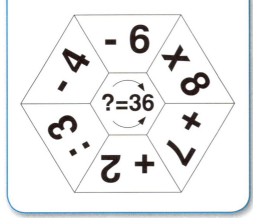

485 Schach
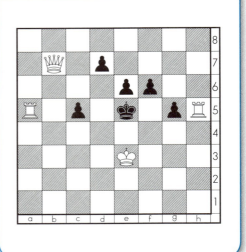

486 Symbolrätsel
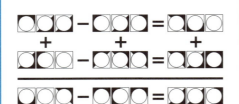

487 Zahlenpyramide
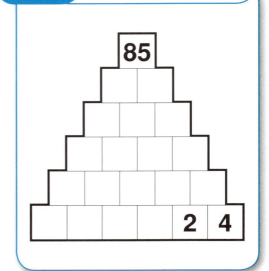

Schwere Aufgaben

488 Sudoku

		10	3	12			1				
		7	1		8	10		6			
				7				10		11	4
	10				4					5	6
3		8				7					9
	4			3	10	5		7	8	2	
	9	4	11			1	2			12	
12						11			9		2
8	1					6				10	
1	8			11		9					
			9		12	4		2	6		
				2				3	11	5	

489 Selfmade-Salat

AMSEL
BACKWARE
BEET
COMIC
DORER
ELSA
EMSIG
ERHALT
GATTIN
GERE
GRAZIL
HEIA
HERALDIK
ITHAKA
JACK
KARTEI
KOENIG
LAWRENCE
MIETAUTO
OMEGA
PREDIGER
ROSS
SARA
SCHNELL
SIEG
SMOKING
SPIN
SUSHI
TEELICHT
TOUPET
UMSATZ
ZAIRE

PROFIS ★★★

490 Sudoku

			9			11	12	6			
		1		8	6		11	10			
7	3		6		10						
	5	8	10	12	6	4				7	
2					10			8			12
1	4			7					6		
	6				1					11	8
5		2			3						9
	9				11	5	3	7	2		
			3		2					8	11
		1	5		9	7		2			
		4	3	5			12				

491 Zitatsuche

Z	E	Z	L	Q	X	J	X	E	R	B	E	N	F
S	A	H	A	R	R	W	G	T	K	N	F	J	O
Q	F	O	N	V	V	E	R	S	W	J	Y	F	Z
F	A	C	S	W	M	V	R	P	G	L	X	I	R
I	C	H	L	H	D	U	A	O	E	X	H	E	B
S	M	V	A	G	A	M	N	F	C	M	B	M	M
R	H	E	R	E	B	F	E	S	M	O	G	X	W
E	K	A	L	K	X	W	B	R	W	U	P	A	S
W	B	E	X	Y	T	F	U	E	O	M	F	S	T
I	A	S	S	T	A	U	F	S	M	L	K	B	X

Schwere Aufgaben

492 Ensaimada

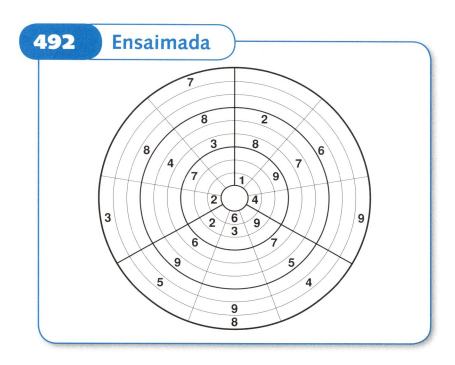

493 Flickwerk

Die folgenden Wörter sind so in die Grafik einzusetzen, dass ein Zitat von Joachim Ringelnatz entsteht.

am bekaempft besten Geldmangel man mit Rheumatismus und Versuchungen

	E							E	
B									N
	M							T	
E									D
	H							U	

PROFIS ★★★

494 Rätselwurm

Nach rechts unten: 1. Brutstätte, 2. Schlechtwetterzonen, 3. Hauptstadt in Nordafrika, 4. dt. Rechtschreibbuch, 5. Titel russ. Kaiserinnen, 6. offen anerkennen, 7. natürl. Zeichnung im Holz, 8. Bankkontoart, 9. Tierprodukt
Nach links unten: 2. Abk.: Juristenzeitung, 3. Körper, 4. Männerkosename, 5. Schichten, 6. Ärzte beim Militär (Kw.), 7. Berg in Rumänien, 8. französisch: heilig, 9. iranische Freihandelsinsel, 10. junge Birke

495 Zahlenschlange

1	18	19	6	17	4	25	27	31	9
8	26	20	10	34	31	22	34	24	35
5	33	30	32	33	12	7	17	2	23
4	30	14	35	29	21	13	28	14	16
22	12	25	27	9	16	11	24	15	10
13	13	11	17	27	21	12	23	3	19
19	10	18	31	8	29	2	2	5	36

Schwere Aufgaben ★★★

496 Streichholzrätsel

497 Samurai

PROFIS ★★★

498 Sudoku

2				10		8					3
7				11					5	8	10
				2		9					
3		5	10	1			9		12		
	11			7			4		3		
	8								2	11	1
9		8	7							12	
		10		12		7				9	
		4		10			1	5	6		11
					1		10				
6	2	9					11				12
11				5		2					8

499 Zahlenrad

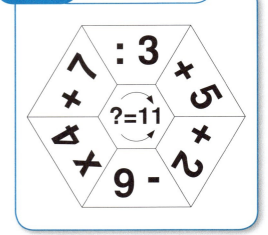

?=11
:3 +5 +2 -9 ×4 +7

500 Buchstabenschieben

U	U	P	R
R	R	M	O
R	P	M	O
O	N	L	M
O	I	G	K
N	H	G	E
A	G	E	E
A	A	C	A

K			
K			
K			
K			
K			
K			
K			
K			

Schwere Aufgaben ★★★

501 Tunnel

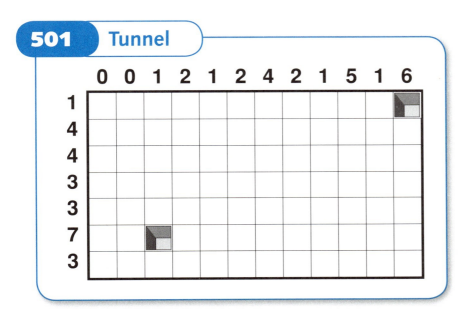

502 Ensaimada

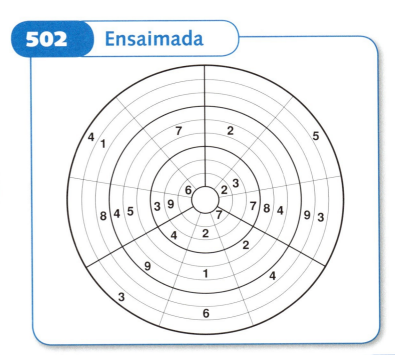

PROFIS ★★★

503 Mamo

Entfernen Sie acht Streichhölzer, um sechs Quadrate zu erhalten.

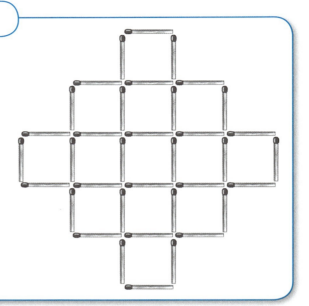

504 Schach

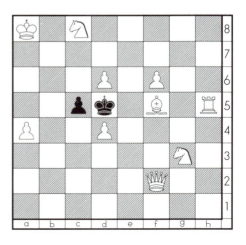

LÖSUNGEN

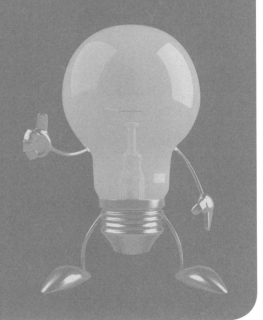

LÖSUNGEN

1

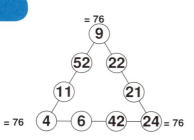

2

3

Amsel sucht Buecherwurm

4

9 + 2 x 9 x 4 : 6 x 3 + 7 = 205

5

6	3	5	4	7	2	1
3	4	2	1	5	7	6
5	6	7	2	3	1	4
1	7	4	5	2	6	3
2	5	6	3	1	4	7
7	2	1	6	4	3	5
4	1	3	7	6	5	2

6

XII − VI = VI

7

Fehlender Buchstabe: K

8

LÖSUNGEN

9

1 ARKADE,
2 KASKADE,
3 KABINETT,
4 DUBIOS,
5 WONNEMOND,
6 PENETRANZ

KABINE

10

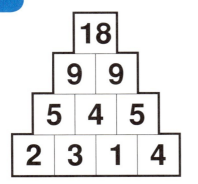

11

Pfad 2

12

5	8	7	4	9	3	2	6	1
9	4	3	2	1	6	7	5	8
2	1	6	8	5	7	9	3	4
3	2	9	5	7	1	4	8	6
6	5	4	3	8	9	1	7	2
8	7	1	6	2	4	3	9	5
1	3	2	9	6	8	5	4	7
4	6	5	7	3	2	8	1	9
7	9	8	1	4	5	6	2	3

13

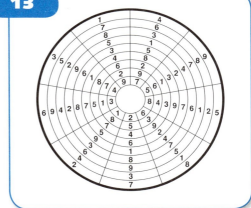

14

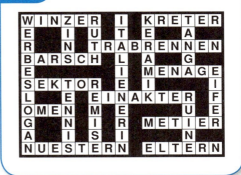

LÖSUNGEN

15

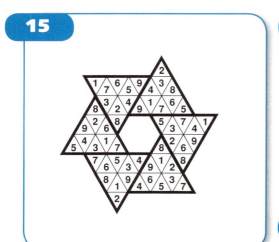

16

Lehrer

17

```
9 3 4 6 2 1 5 7 8
8 6 2 3 7 5 9 4 1
1 7 5 8 9 4 2 3 6
6 4 8 1 5 3 7 2 9
3 2 9 7 4 8 1 6 5
7 5 1 2 6 9 4 8 3
5 8 3 4 1 2 6 9 7
4 9 7 5 8 6 3 1 2
2 1 6 9 3 7 8 5 4
```

18

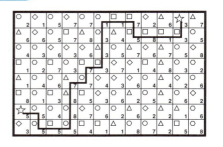

19

1. TUBE, 2. EIBE,
3. NOTE, 4. NAHE,
5. IWAN, 6. SENN,
7. SENF, 8. CHEF,
9. HABE, 10. UNKE,
11. HALL, 12. EDEL

TENNISSCHUHE

20

LÖSUNGEN

21

```
A S T E R   B E R E I C H   S
B H   N A M I B   G   H A U E
L O C K E   O   S E L E N   M
I W   E   S T I E L   R   K M
C   P L U T O   E   D I E L E
H A I   D E P O N I E   S O L
T E S T   L   G O T I K   P
E   T   L E G A T   N   I S E
N I E S E N   M   K E I N E R
```

22

70 Würfel

23

```
9 8 2 4 7 1 6 5 3
7 4 5 3 6 8 9 1 2
6 3 1 5 2 9 8 7 4
5 1 3 6 8 4 7 2 9
4 7 8 9 5 2 3 6 1
2 9 6 1 3 7 5 4 8
3 2 4 7 9 6 1 8 5
8 6 9 2 1 5 4 3 7
1 5 7 8 4 3 2 9 6
```

24

1. HECHT, 2. RUDEL,
3. SALTO, 4. ZEUGS,
5. IKONE

HERBSTZEITLOSE

25

7 x 2 + 1 x 3 x 7 – 4 – 9 = 302

26

Fehlender Buchstabe: M

27

BIENENKORB - REIHENHAUS

28

LÖSUNGEN

29

1	<	2	<	3	<	4	<	5
∧		∧		∧		=		v
2	<	3	<	4	=	4	>	3
∧		∧		∧		v		∧
3	<	4	<	5	>	3	<	5
∧		∧		∧		=		v
4	<	5	<	6	>	3	=	3
∧		=		v		=		∧
5	=	5	>	2	<	3	<	4

30

1 MUELLABFUHR,
2 SCHULABSCHLUSS,
3 WUCHERER,
4 ARCHETYP,
5 STECKENPFERD,
6 TROCKENOBST

ABCHECKEN

31

Elefant hinter Zirkuswagen

32

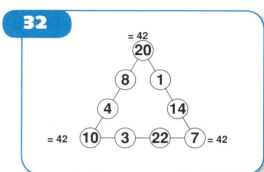

33

4	6	7	1	2	3	5
1	5	2	3	7	6	4
5	2	6	4	1	7	3
7	3	5	2	6	4	1
2	1	4	7	3	5	6
6	7	3	5	4	1	2
3	4	1	6	5	2	7

34

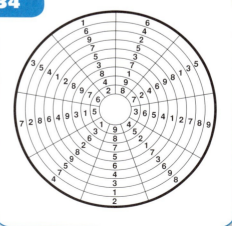

LÖSUNGEN

35

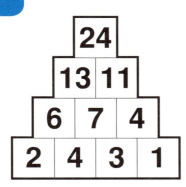

36

1. NARBE,
2. KATER,
3. EISIG,
4. RABBI,
5. NIETE

NUKLEARENERGIE

37

Pfad 1

38

Turnen

39

9 + 3 x 2 - 5 + 8 + 6 + 9 = 42

40

41

LÖSUNGEN

42
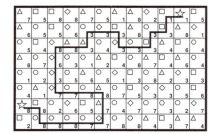

45

5	6	3	1	8	4	9	7	2
7	1	8	9	6	2	5	4	3
9	4	2	3	5	7	8	6	1
8	3	7	2	9	5	6	1	4
6	9	4	7	3	1	2	5	8
1	2	5	8	4	6	3	9	7
2	5	9	4	1	8	7	3	6
3	7	1	6	2	9	4	8	5
4	8	6	5	7	3	1	2	9

43

46

44

3	1	5	9	7	8	2	6	4
6	2	8	5	4	1	9	7	3
4	7	9	3	6	2	8	1	5
5	9	1	4	2	7	3	8	6
7	3	2	6	8	5	4	9	1
8	6	4	1	3	9	5	2	7
1	8	7	2	5	4	6	3	9
2	5	6	7	9	3	1	4	8
9	4	3	8	1	6	7	5	2

47

61 Würfel

48

ERNTEN

LÖSUNGEN

49

1. RUDER,
2. SEGEL,
3. ELEMI,
4. TONIC,
5. ETSCH

RESPEKTIERLICH

50

BIERDECKEL - ZUTREFFEND

51

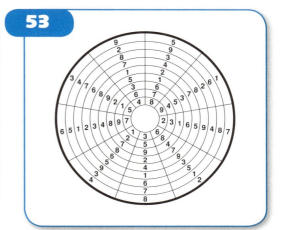

52

1. GERSTE,
2. LEMURE,
3. STIMME,
4. EREMIT,
5. DENKER

53

54

55

6	2	5	7	4	3	1
7	1	6	4	2	5	3
3	5	2	1	6	4	7
1	6	4	3	7	2	5
4	3	7	2	5	1	6
5	4	3	6	1	7	2
2	7	1	5	3	6	4

LÖSUNGEN

56

57

8	2	7	6	4	5	1	9	3
6	9	4	1	2	3	5	8	7
5	1	3	8	9	7	6	4	2
7	5	2	4	1	8	9	3	6
4	8	1	3	6	9	2	7	5
9	3	6	5	7	2	4	1	8
2	7	8	9	5	1	3	6	4
3	6	9	2	8	4	7	5	1
1	4	5	7	3	6	8	2	9

58
Pfad 1

59
Fehlender Buchstabe: G

60
MISSFALLEN - ATTRAKTION

61
1. BESSER,
2. REMISE,
3. MADAME,
4. RUANDA,
5. MAINAU

62
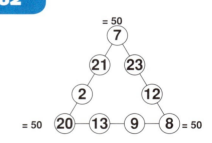

63
66 Würfel

LÖSUNGEN

64

B	A	R	I	U	M		S	L	I	P		G	U	T
	N		G	N	O	C	C	I		I		E		
T	E	F	L	O	N		H		K	A	R	I	B	U
I	T		U		M	A	R	O	N	E		O		
R	O	H		P	F	A	D		L	O	U	V	R	E
O		E	T	E		S	E	M	I		N	E		C
L	I	L		L	O	K		B	E	I	N	A	H	
E		A		L		A	M	O	R		O	L		S
R	A	U	P	E		T	C		I		N	O	T	E

65

R	O	T	H	A	U	T
A	K	K	U	R	A	T
H	E	R	M	A	N	N
A	U	S	M	A	S	S
G	A	Z	E	L	L	E
E	I	E	R	U	H	R

66

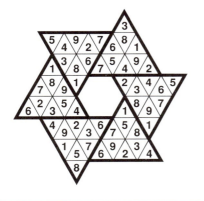

67

68

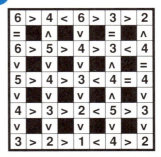

69

1. REDE, 2. ELFE, 3. TIPP,
4. TRIP, 5. URAT, 6. NEST,
7. GERN, 8. SOHN, 9. REMO,
10. INFO, 11. NARR, 12. GIER

RETTUNGSRING

LÖSUNGEN

70

71

WINDIG

72

1 ZUVERSICHT,
2 DIVERSES,
3 GEBORGEN,
4 AUSBORGEN,
5 MORGENROT,
6 GEGENSATZ

VERBORGEN

73

74

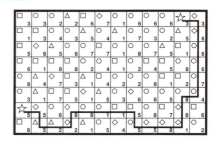

75

2	1	5	3	7	6	4
1	7	6	5	4	2	3
3	5	4	2	6	7	1
7	6	3	1	5	4	2
4	2	7	6	3	1	5
6	3	2	4	1	5	7
5	4	1	7	2	3	6

LÖSUNGEN

76

1. KANADA,
2. HELENA,
3. FAIBLE,
4. ITALIA,
5. EMIRAT

77

1. WUEST,
2. IKONE,
3. ERICH,
4. BEERE,
5. STERN

WEITERBESTEHEN

78

7 x 4 + 5 – 1 – 8 – 7 x 9 = 153

79

2	6	5	1	7	4	8	3	9
8	3	7	2	5	9	1	4	6
9	4	1	6	8	3	5	7	2
1	8	4	9	6	2	3	5	7
3	5	9	4	1	7	6	2	8
7	2	6	5	3	8	4	9	1
6	1	3	7	2	5	9	8	4
4	7	8	3	9	6	2	1	5
5	9	2	8	4	1	7	6	3

80

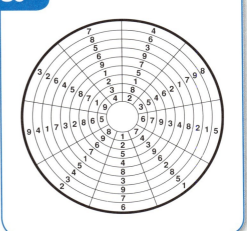

81

82

Pfad 2

LÖSUNGEN

83

4	2	6	3	9	5	1	8	7
1	3	8	4	7	6	9	2	5
5	7	9	8	1	2	3	6	4
9	5	3	7	6	1	2	4	8
8	4	1	2	5	3	7	9	6
2	6	7	9	8	4	5	3	1
6	8	2	1	3	7	4	5	9
7	9	4	5	2	8	6	1	3
3	1	5	6	4	9	8	7	2

84

Dreieck: Spitze = 44 mit 11; Mitte 18, 8; untere Reihe 11, 11; Basis (=44) 4, 2, 24, 14 (=44)

85

XV + IV = XIX

86

UNERWARTET - AUSGESUCHT

87

69 Würfel

88

1	4	7	2	6	8	3	5	9
5	8	9	3	7	1	6	2	4
3	6	2	9	5	4	1	8	7
8	7	3	5	9	2	4	6	1
4	2	6	7	1	3	5	9	8
9	5	1	8	4	6	7	3	2
7	3	5	1	2	9	8	4	6
6	9	8	4	3	7	2	1	5
2	1	4	6	8	5	9	7	3

89

90

1. BAMBUS,
2. ASTHMA,
3. RECHTS,
4. FRANCE,
5. BARBAR

LÖSUNGEN

91
Fehlender Buchstabe: R

92
RAFFINIERT - GEWINNERIN

93
8 x 4 + 9 + 6 x 5 + 2 + 7 = 244

94
FROSCH

95

T	O	R	R	A	U	M
P	R	A	E	R	I	E
R	A	P	P	O	R	T
O	K	T	O	B	E	R
H	I	E	R	A	U	S
F	E	S	T	A	K	T

96
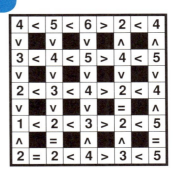

97
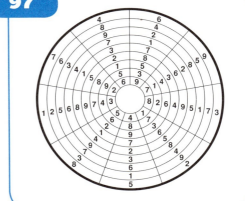

98

LÖSUNGEN

99

1. RAIN, 2. OFEN,
3. TRAB, 4. KORB,
5. ABEL, 6. EKEL,
7. PINK, 8. PARK,
9. COLT, 10. HEFT,
11. ERDE, 12. NASE

ROTKAEPPCHEN

102

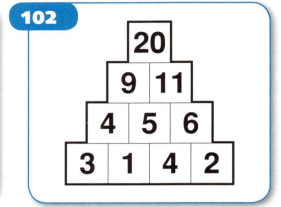

100

103

1. KARPOW,
2. MATURA,
3. PESETA,
4. FRAESE,
5. ADEBAR

101

1. TOAST,
2. BALSA,
3. LOESS,
4. TRAKT,
5. ROUTE

TABULATORTASTE

104

LÖSUNGEN

105

	V		M	E	E	R		A	B	B	A		P	
B	E	D	E		L		E			R	E	N	E	
	N		L	U	F	T	H	A	N	S	A		E	
S	E	E		S		O		L			U		Z	U	G
A			B	A	S	E		K	U	R	S		E	
K	O	M	A			N	I	M		K	O	C	H	
R		D	A	Z	U		E	T	U	I			E	
A	B	O		L		N		N		N		B	O	N
	O		N	E	U	G	I	E	R	I	G			
R	E	G	E		H			O			A	D	E	L
	S		E	I	R	E		A	M	O	R		R	

106

Pfad 4

107

FOTOGRAFIE - ELEKTRONIK

108

XXII − XI = XI

109

Ein Maskenball

110

9	4	8	3	2	5	6	1	7
6	1	2	7	9	4	5	3	8
3	5	7	6	1	8	2	4	9
5	6	1	2	3	7	8	9	4
2	8	4	1	5	9	3	7	6
7	3	9	8	4	6	1	2	5
1	7	5	9	8	3	4	6	2
4	2	6	5	7	1	9	8	3
8	9	3	4	6	2	7	5	1

111

9	4	1	8	6	5	2	7	3
2	7	6	4	1	3	9	8	5
3	8	5	2	7	9	1	4	6
1	2	7	9	8	6	3	5	4
6	5	4	7	3	2	8	9	1
8	9	3	1	5	4	7	6	2
4	3	8	6	9	1	5	2	7
5	6	9	3	2	7	4	1	8
7	1	2	5	4	8	6	3	9

112

3	7	5	4	1	6	2
4	2	1	6	5	7	3
2	1	7	3	4	5	6
5	6	2	1	7	3	4
1	4	3	5	6	2	7
7	5	6	2	3	4	1
6	3	4	7	2	1	5

LÖSUNGEN

113
64 Würfel

114

M	A	R	K	A	N	T
P	A	R	A	B	E	L
T	O	R	R	A	U	M
F	E	S	T	A	K	T
A	U	T	O	B	U	S
M	E	I	N	E	I	D

115

116

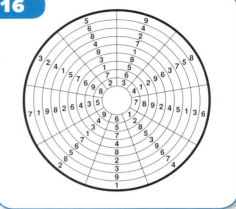

117

R	E	G	L	O	S		P			P	L	A	N	K	E
I		I		T			O			O					O
T		N		A	U	S	S	P	R	A	C	H	E		
T	A	N	K	E	R		T			S		K			
E					K		T	A	L	E	N	T			
R	A	S	S	E	L		U			A					H
O					A		I	N	T	E	R	N	A	T	R
R	I	T	T		M		S						E		O
D			T		O		C		G	R	A	T	I	N	
E			E		N		H			R					
N	O	T	L	U	E	G	E		S	T	R	A	F	E	

118

4	5	7	2	6	3	8	9	1
9	6	3	5	8	1	2	7	4
8	2	1	7	9	4	6	3	5
7	4	2	8	5	6	3	1	9
1	3	6	4	7	9	5	2	8
5	8	9	3	1	2	4	6	7
2	9	4	1	3	5	7	8	6
6	7	5	9	2	8	1	4	3
3	1	8	6	4	7	9	5	2

LÖSUNGEN

119

7 x 6 x 5 + 7 + 2 + 8 + 1 = 228

120

1 HERRENHEMD,
2 WARENHAUS,
3 KARDINAL,
4 WUERDIGEN,
5 INTERIM,
6 MEUTEREI

RENDITE

121

Fehlender Buchstabe: C

122

XXII − VI = XVI

123

SOMMER

124

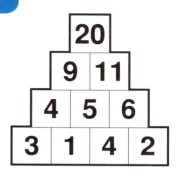

125

1. NASA, 2. ANNA,
3. CLOG, 4. HANG,
5. HEFE, 6. OHNE,
7. LESE, 8. SOLE,
9. PAAR, 10. ILER,
11. ELAN, 12. LEIN

NACHHOLSPIEL

126

1	7	8	6	3	2	5	4	9
4	5	2	7	9	8	1	6	3
6	9	3	4	5	1	2	7	8
8	6	9	1	7	3	4	2	5
7	4	5	2	8	6	3	9	1
3	2	1	9	4	5	6	8	7
2	8	7	5	1	4	9	3	6
9	1	6	3	2	7	8	5	4
5	3	4	8	6	9	7	1	2

LÖSUNGEN

127

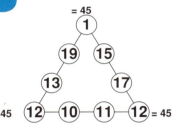

130

3	=	3	<	4	<	5	<	6
v		v		v		v		v
2	=	2	<	3	<	4	<	5
∧		v		v		v		v
3	>	1	<	2	<	3	<	4
v		∧		∧		=		v
2	=	2	<	5	>	3	=	3
v		∧		=		∧		=
1	<	3	<	5	=	5	>	3

128

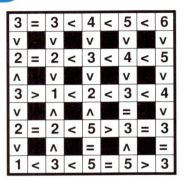

131

72 Würfel

132

Chinesischer Teller-Jongleur

129

3	1	4	6	7	8	2	9	5
9	8	5	3	2	4	1	7	6
2	6	7	1	9	5	4	8	3
6	5	1	2	4	7	8	3	9
8	3	2	5	1	9	7	6	4
4	7	9	8	6	3	5	2	1
7	2	3	4	5	6	9	1	8
1	4	8	9	3	2	6	5	7
5	9	6	7	8	1	3	4	2

133

1. ROTOR,
2. SISAL,
3. ELEMI,
4. TONIC,
5. ERICH

RESPEKTIERLICH

LÖSUNGEN

134

R	E	L	E	V	A	N	T		H	I	N	A	U	F
O	H	M		I		E	R	R	O	L		V		R
R		R	E	I	H	E		N		N	A	M	E	
H	E	G	E	R		M		T	I	R	O	L		M
U	N		G		B	E	Z	U	G		T		S	D
M		W	E	B	E	N		E		H	E	C	K	E
A	S	E	N		D		E	R	D	E		W	E	R
N		H		W	E	I	N		A	D	E		E	
	V	E	T	O		T	A	L		E	R	S	T	E

137

P	A	S	S	A	G	E
O	K	T	O	B	E	R
S	O	L	I	D	U	S
T	O	R	R	A	U	M
T	O	N	E	R	D	E
Z	U	S	E	H	E	N

135

138

3	6	5	9	1	8	7	4	2
8	7	2	4	6	3	1	9	5
1	4	9	5	2	7	6	3	8
9	5	4	3	7	6	2	8	1
7	3	1	8	5	2	9	6	4
2	8	6	1	4	9	5	7	3
5	1	3	7	9	4	8	2	6
6	9	8	2	3	5	4	1	7
4	2	7	6	8	1	3	5	9

136

1. KANTOR,
2. HELENA,
3. QUALLE,
4. MAINAU,
5. SOPHIA

139

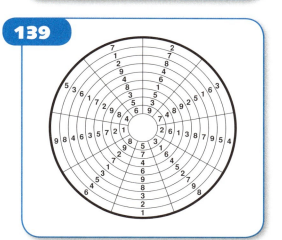

LÖSUNGEN

140
Pfad 1

141
1. WABE, 2. ESTE,
3. TIER, 4. TEER,
5. BEIN, 6. EBEN,
7. WOGE, 8. ESSE,
9. RAUM, 10. BOOM,
11. ENAK, 12. RANK

WETTBEWERBER

142
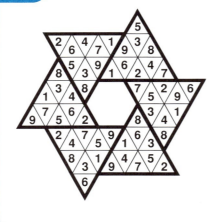

143

K	E	G	E	L	N		W		T	U	M	U	L	T
A			N		E		A		O			M		
N			T		E	I	N	F	A	E	R	B	E	N
A	K	T	E	U	R		D		S			R		
L						E					T	O	R	A	U	S
I	T	A	L	I	A		R		E				T	
N						A	B	E	F	A	N	G	E	N
S	A	M	T		G		A					O		
E			E		A	H	R		T	E	N	N	I	S
L						I	B					N		
N	E	N	N	W	E	R	T		N	A	H	E	Z	U

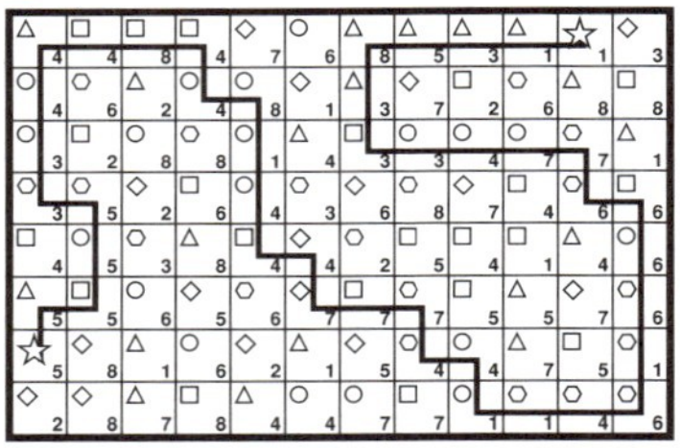

144
(Lösungsgitter)

145
$4 \times 3 \times 9 - 7 + 1 \times 8 - 2 = 814$

146
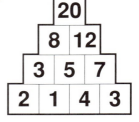

LÖSUNGEN

147

4	>	1	=	1	=	1	<	2
=		∧		∧		∧		=
4	>	3	>	2	=	2	=	2
∧		=		∨		∨		=
5	>	3	>	1	=	1	<	2
∧		∧		∧		=		∧
6	>	4	>	2	>	1	<	3
∨		=		∧		∧		∨
5	>	4	>	3	>	2	=	2

148

```
      G F Z R H
    J L J V F O Y O P
   W Q Q O Q W C S X S M
   O Z G I I W J K O H F E V
  Y P U L L O V E R C L Z X C B
  U V Y Q S O B E P K B Q E S A
  C H F R M L D E T R E M B P V S S
  D K N U L D R J P O N C H O I W L
  J H A N D S C H U H F O R E G B M
  C N P Y D R E Z S A N Z U G O L E
  R F H E M D C D I T D E X S K X C
    I B K C F I T R U S F F X G Q
    E M L E E J I C C C Y C Z N Z
     Y Z L U H K U A E R R A Q
      K B S J A C K E T A B
        T C Z X M J A E J
           Y R C Z E
```

149

SCHLAGBAUM – KANDIDATUR

150

Fehlender Buchstabe: D

151

2	4	6	3	5	1	7
4	5	1	6	7	2	3
3	6	7	2	1	5	4
5	1	3	4	6	7	2
7	2	5	1	3	4	6
1	3	2	7	4	6	5
6	7	4	5	2	3	1

152

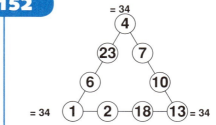

LÖSUNGEN

153

8	1	4	7	2	3	6	5	9
7	9	5	6	4	8	1	3	2
2	6	3	5	9	1	7	8	4
5	3	9	2	6	4	8	7	1
1	4	2	8	7	5	9	6	3
6	7	8	1	3	9	4	2	5
3	5	1	4	8	6	2	9	7
4	8	7	9	5	2	3	1	6
9	2	6	3	1	7	5	4	8

154

83 Würfel

155

1 WINDPOCKEN,
2 DESPOTIE,
3 PARLIEREN,
4 ANLIEGEN,
5 RADRENNEN,
6 EHRENAMT

POLIEREN

156

Maulwurfsiedlung

157

F	A	H	L		G	A	E	H	N	E	N		D	U
E		A	T	O	L	L		E		P	A	R	A	T
E	D	V		K	O	L	I	B	R	I		A	R	A
	A	A	R		R		S	E	I	T	E		T	
E		N		P	I	R	O	L		A		A	U	S
M	A	N	C	H	E		L		S	P	A	N	N	
O	N	A		O		E	D	I	T	H		T		B
	N		S	T	O	R	E		U		A	U	G	E
R	A	T	I	O		L		B	R	U	N	N	E	N

158

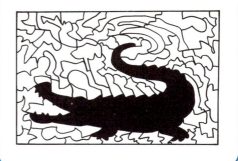

159

H	I	N	E	I	N		G		M	E	T	A	L	L
I			T		A		A		A			G		
N		W		B	I	L	L	I	G	W	A	R	E	
G	E	R	A	D	E		L		L		V			
E						E		I	R	R	E	A	L	
R	I	N	G	E	R		N		N					A
I		E		U	N	B	E	G	A	B	T			M
S	E	N	N		B		L			A				P
S		I		N			A	S		S	U	E	L	Z	E
E		A		N		S				O				
N	O	T	L	U	E	G	E		B	R	O	N	Z	E

LÖSUNGEN

160

E	I	E	R	U	H	R
K	A	N	A	R	E	N
M	A	C	H	A	R	T
H	E	R	M	A	N	N
E	N	G	E	L	K	E
L	E	I	N	O	E	L

162

5	4	3	2	9	7	1	6	8
6	7	9	8	1	3	5	2	4
1	2	8	6	4	5	7	9	3
8	9	6	7	5	4	3	1	2
2	5	4	3	8	1	9	7	6
7	3	1	9	6	2	8	4	5
9	6	2	5	7	8	4	3	1
4	8	7	1	3	6	2	5	9
3	1	5	4	2	9	6	8	7

161

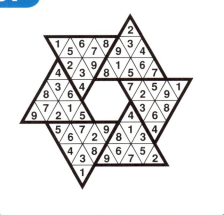

163

ARZNEI

164

1. ASCHE,
2. FUNDI,
3. APART,
4. MASSE,
5. LEDER

AUFNAHMELEITER

LÖSUNGEN ★★

165

2	11	6	7	9	4	3	5	10	12	8	1
3	5	4	8	2	1	12	10	6	7	9	11
12	9	1	10	8	6	7	11	5	4	2	3
10	8	3	6	12	2	1	9	4	5	7	12
7	4	12	11	10	5	8	3	9	6	1	2
5	1	2	9	6	12	4	7	11	3	10	8
6	12	7	2	5	10	9	1	8	11	3	4
8	10	9	4	3	7	11	12	2	1	5	6
1	3	11	5	4	8	2	6	7	10	12	9
9	7	8	3	12	11	10	4	1	2	6	5
4	6	10	12	1	9	5	2	3	8	11	7
11	2	5	1	7	3	6	8	12	9	4	10

169

7	5	2	3	9	1	4	8	6
3	4	9	6	5	8	1	7	2
6	1	8	4	2	7	3	5	9
5	8	6	2	1	9	7	3	4
2	3	7	5	8	4	9	6	1
4	9	1	7	3	6	5	2	8
1	7	4	8	6	3	2	9	5
8	2	3	9	4	5	6	1	7
9	6	5	1	7	2	8	4	3

166

T	R	U	G	U	R	T
E	B	E	R	E	B	E
A	M	M	E	M	M	A
B	A	R	T	R	A	B
M	A	D	E	D	A	M
A	D	E	L	E	D	A

167

```
 4 3 + 2 8 0 = 3 2 3
 +       +       +
 2 0 1 + 2 8 9 = 4 9 0
─────────────────────
 2 4 4 + 5 6 9 = 8 1 3
```

168

LEICHT, ERNTE, INSEL, NACHT, WASSER, ABEND, NAGEL, DECK = LEINWAND

170

Der erste Eierkuchen geraet zum Klumpen

171

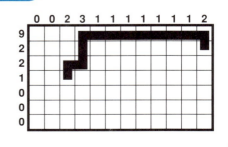

LÖSUNGEN

172

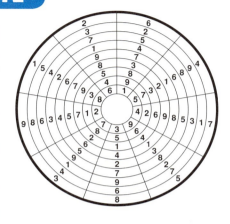

173

(FREUDE − REDE) +
(ATHLET − AHLE) +
(OPTIKER − OPTIK) +
(MALARIA − MARIA)
= FUTTERAL

174

Erlaubt ist, was sich ziemt.

175

Nach getaner Arbeit ist gut ruhen.

176

4 x 9 + 8 x 6 : 2 + 1 + 7 = 140

177

Kriminologe

178

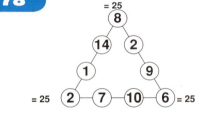

179

9	4	6	2	7	3	1	5	8
7	1	2	5	8	9	6	3	4
3	8	5	6	1	4	2	7	9
6	9	3	7	5	1	8	4	2
1	2	7	4	6	8	3	9	5
8	5	4	3	9	2	7	6	1
5	3	1	9	2	6	4	8	7
4	7	8	1	3	5	9	2	6
2	6	9	8	4	7	5	1	3

LÖSUNGEN

180

1. BELUGA,
2. OTTAWA,
3. HAUSSA,
4. RHEUMA,
5. MATURA,
6. ASTHMA,
7. SCHEMA,
8. CHARTA,
9. HELENA,
10. ITALIA,
11. NEVADA,
12. EUROPA

BOHRMASCHINE

181

28	+	6	+	3	37
+		x		+	
9	-	5	-	2	2
-		-		+	
4	+	7	-	8	3
33		23		13	

182

4	1	4	12	2	3	4
3	11	12	2	4	14	1
1	11	2	3	14	14	4
2	3	16	10	1	4	10
13	4	3	1	11	12	2
4	14	1	12	3	2	8
6	2	7	4	10	1	3

183

10	7	9	3	8	12	5	2	4	6	11	1
11	12	4	8	6	1	10	7	3	5	9	2
2	5	1	6	3	11	4	9	8	12	10	7
9	6	12	5	7	2	11	1	10	3	4	8
4	1	7	2	5	8	3	10	12	11	6	9
8	11	3	10	4	9	12	6	1	2	7	5
3	9	6	12	2	10	7	11	5	1	8	4
7	8	11	1	12	4	9	5	2	10	3	6
5	10	2	4	1	3	6	8	7	9	12	11
12	3	8	11	9	5	1	4	6	7	2	10
6	2	5	9	10	7	8	3	11	4	1	12
1	4	10	7	11	6	2	12	9	8	5	3

184

LÖSUNGEN

185

186

```
        46
      24 22
    13 11 11
   8  5  6  5
  5  3  2  4  1
```

187

$171 + 294 = 465$
$+ \quad + \quad +$
$261 + 111 = 372$

$432 + 405 = 837$

188

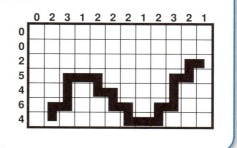

189

S	L	I	P	I	L	S
S	E	R	A	R	E	S
F	L	O	R	O	L	F
N	I	E	T	E	I	N
S	O	R	E	R	O	S
M	A	M	I	M	A	M

190

12	4	7	3	6	9	2	8	1	10	11	5
2	9	5	10	7	11	3	1	6	12	4	8
6	11	1	8	5	4	10	12	9	1	2	3
10	8	11	5	3	12	6	4	7	9	1	2
1	2	9	7	10	8	5	11	12	6	3	4
4	6	3	12	1	2	9	7	5	11	8	10
3	5	2	9	11	10	4	6	8	1	7	12
11	10	8	1	9	7	12	2	3	4	5	6
7	12	4	6	8	5	1	3	10	2	9	11
5	1	6	2	12	3	11	9	4	8	10	7
9	7	10	11	4	6	8	5	2	3	12	1
8	3	12	4	2	1	7	10	11	5	6	9

LÖSUNGEN

191

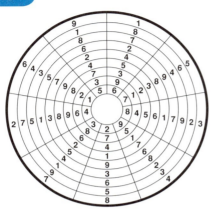

192

VI × IV = XXIV

193

Je reger der Mund,
je träger die Hände.

194

Man kann viel, wenn man will.

195

1. EICHEL, 2. NEAPEL,
3. TEMPEL, 4. SIGNAL,
5. CHANEL, 6. HENKEL,
7. LAUREL, 8. ORWELL,
9. SENKEL, 10. SAEBEL,
11. EIFFEL, 12. NEURAL

ENTSCHLOSSEN

196

26	-	4	-	3	19
+		+		x	
5	x	6	+	8	38
-		+		+	
7	x	2	-	9	5
24		12		33	

197

4	2	10	1	9	3	4
9	16	4	3	2	10	1
2	1	3	15	12	4	8
10	4	11	2	1	14	3
3	9	1	15	4	15	2
1	10	10	4	3	2	9
4	3	2	9	10	1	4

LÖSUNGEN

198

$5 + 8 \times 5 + 1 : 2 \times 4 \times 6 = 792$

199

MITTEL, ANBAU, STEIN, SPIEL, SINN, TISCH, AFFEN, BERG = MASSSTAB

200

Viele Koepfe gehen schwer unter einen Hut

201

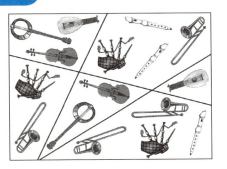

202

5	4	1	8	7	3	6	2	9
6	9	7	2	5	4	1	8	3
2	8	3	6	1	9	4	7	5
3	2	9	4	8	5	7	6	1
8	1	6	9	2	7	5	3	4
4	7	5	3	6	1	8	9	2
9	5	4	7	3	8	2	1	6
1	6	8	5	9	2	3	4	7
7	3	2	1	4	6	9	5	8

203

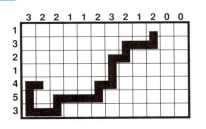

204

$$181 + 9 = 190$$
$$+ \quad + \quad +$$
$$374 + 232 = 606$$
$$555 + 241 = 796$$

205

Paläontologe

LÖSUNGEN

206

11	8	5	12	9	10	1	6	4	2	3	7
10	7	9	3	2	4	12	8	5	1	6	11
2	6	4	1	11	5	7	3	12	9	10	8
6	2	7	10	4	3	8	12	9	11	1	5
4	12	1	8	5	11	6	9	7	10	2	3
5	9	3	11	1	7	10	2	6	8	12	4
8	4	2	6	3	1	5	10	11	12	7	9
9	3	10	5	12	2	11	7	8	6	4	1
1	11	12	7	8	6	9	4	10	3	5	2
12	5	11	4	10	8	2	1	3	7	9	6
3	10	6	2	7	9	4	11	1	5	8	12
7	1	8	9	6	12	3	5	2	4	11	10

210

4	2	6	9	1	8	7	3	5
5	3	8	7	2	4	6	1	9
7	1	9	3	6	5	4	2	8
2	7	3	8	4	6	5	9	1
8	5	1	2	9	7	3	6	4
6	9	4	5	3	1	2	8	7
1	8	2	4	5	3	9	7	6
3	6	5	1	7	9	8	4	2
9	4	7	6	8	2	1	5	3

207

L	I	G	A	G	I	L
O	M	E	N	E	M	O
A	M	O	K	O	M	A
E	I	R	E	R	I	E
E	U	E	R	E	U	E
E	T	O	N	O	T	E

211

XVI + V = XXI

212

K	L	G		I
L		I	G	K
G	K	L	I	
I	G		K	L
	I	K	L	G

208

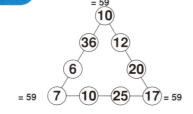

= 59 oben: 10; 36, 12; 6, 20; 7, 10, 25, 17 = 59; = 59

209

Keine Rose ist ohne Dornen.

213

```
  2 4 2  +  2 9 2  =  5 3 4
    +        +          +
  8 6    +  1 8 1  =  2 6 7
  ─────────────────────────
  3 2 8  +  4 7 3  =  8 0 1
```

LÖSUNGEN ★★

214

(ERHABEN - ERBEN) +
(KUTTER – KUER) +
(TRAILER – TALER) +
(TAROCK – TARO) = HATTRICK

215

1. FRESKO, 2. ENRICO,
3. LIBERO, 4. DOMINO,
5. ALBINO, 6. ROKOKO,
7. BOLERO, 8. ENDURO,
9. INDIGO, 10. TORERO,
11. ESKIMO, 12. RIALTO

FELDARBEITER

216

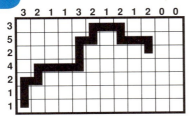

217

218

Glueck ist Talent fuer das Schicksal

219

LÖSUNGEN

220
$3 + 5 \times 6 - 9 - 4 - 2 + 8 = 41$

221
```
 1 2 +   7 7 =   8 9
  +       +       +
 1 2 1 + 2 0 3 = 3 2 4
─────────────────────
 1 3 3 + 2 8 0 = 4 1 3
```

222
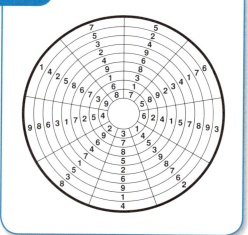

223
Stoere meine Kreise nicht.

224
1. BASSIN, 2. ENZIAN,
3. SINKEN, 4. OSTERN,
5. NECKEN, 6. NAEHEN,
7. EISERN, 8. NEPPEN,
9. HINEIN, 10. ELTERN,
11. INTERN, 12. TADELN

BESONNENHEIT

225
Er gab die Hand und stellte das Bein.

226

227
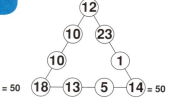

LÖSUNGEN

228
AUSSEN, BLUT, STEIL, TRAN, REIZ, ANGEL, KURS, TEIL = ABSTRAKT

229
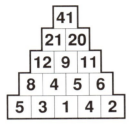

230
```
9 7 6 5 2 1 8 3 4
2 8 3 6 4 7 9 1 5
5 1 4 3 9 8 6 7 2
3 9 1 8 7 2 5 4 6
6 2 8 1 5 4 7 9 3
7 4 5 9 3 6 1 2 8
8 6 2 7 1 3 4 5 9
1 3 9 4 8 5 2 6 7
4 5 7 2 6 9 3 8 1
```

231
```
K A L B L A K
P E E R E E P
S I R E R I S
R E I Z I E R
R E G E G E R
E G A L A G E
```

232
```
Z U F L U C H T S O R T   J E
A V E   T O T   P   E I G E N
N A S A   T   M O B I L   S O
K   S   S O M I T   B   K U R
  B E B E N   N   E A R L   M
M A L   E   P I N S C H E R  
  T   E L E A   O C H   M   L
T A B L E T T E   H   A M M E
I   E I N   R   S E N K E   I
E D D A   L O R E N   K   I N
R O E S T E N   T   K U T T E
```

Auch ein blindes Huhn findet mal ein Korn

233
```
3 1 2 8 5 4 6 9 7
5 6 9 1 3 7 4 8 2
8 4 7 2 9 6 3 5 1
6 5 1 3 7 9 8 2 4
9 7 8 4 1 2 5 3 6
4 2 3 6 8 5 7 1 9
7 3 6 5 2 1 9 4 8
1 9 5 7 4 8 2 6 3
2 8 4 9 6 3 1 7 5
```

234
$$91 + 169 = 260$$
$$+ \qquad + \qquad +$$
$$181 + 358 = 539$$
$$272 + 527 = 799$$

235
Imkermeister

LÖSUNGEN

236

22	-	4	+	3	21
-	■	-	■	x	■
8	+	2	x	6	60
x	■	x	■	x	■
7	x	9	-	5	58
98	■	18	■	90	■

237

Den Letzten beißen die Hunde.

238

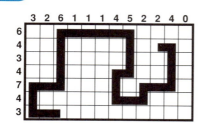

239

9	11	2	4	5	10	3	8	12	6	7	1
8	1	3	6	2	4	12	7	5	11	10	9
7	12	10	5	11	1	6	9	2	4	3	8
4	9	6	8	7	3	11	1	10	2	5	12
5	2	12	1	4	9	8	10	11	7	6	3
10	3	7	11	12	6	5	2	8	1	9	4
1	5	4	10	8	7	9	12	6	3	11	2
12	6	8	2	10	11	1	3	7	9	4	5
3	7	11	9	6	2	4	5	1	8	12	10
6	8	9	3	1	12	10	11	4	5	2	7
11	10	5	7	9	8	2	4	3	12	1	6
2	4	1	12	3	5	7	6	9	10	8	11

240

1. EILAND, 2. LIQUID,
3. ABSURD, 4. SEEBAD,
5. TENSID, 6. ISLAND,
7. ZYANID, 8. INLAND,
9. TALMUD, 10. AKKORD,
11. EIRUND, 12. TUGEND

ELASTIZITAET

241

(FLAMME – LAMM) +
(STREBE – REBE) +
(BULLIG – BULL) +
(MISERE – MISE) =
FESTIGER

242

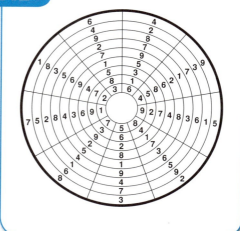

LÖSUNGEN

243

```
A L S O   M E H R D E U T I G
N I E L L O   S E T   R   N A
K L E P P E R   G   M I T T E
E I B E   H   B E Z U G   R N
R   A   D R A L L   S   V A G
  G E L E E   U   O E D E   E
V E R   K   L E K T U E R E
  L   D R E I   M I M   T   V
B A G U E T T E   T   E R L E
A G E N T   H   P I E T A E T
B E R G   B O N U S   A G I O
```

Lasst Euch genug sein an dem, was da ist

244

```
I L     M J
L J M I
M I J   L
J   I L M
  M L J I
```

245

3 x 9 + 1 : 7 + 5 x 3 − 2 = 25

246

247

Nur die Wahrheit verletzt.

248

1	10	3	14	4	2	3
3	2	4	19	3	15	1
9	15	2	3	10	1	4
3	4	10	1	2	13	10
4	15	11	7	1	3	2
10	3	1	2	14	4	12
2	1	11	4	10	7	3

249

26	+	6	−	5	27
+		+		−	
4	x	8	−	3	29
x				+	
2	x	9	−	7	11
60		5		9	

LÖSUNGEN

250

251

Das macht den Kohl nicht fett.

252

```
      D A    N    I  S       S
      A S C H E   S A E U R E
  B E T T    C  E   M L L E
      D H   T H E R M I K   L
    A M P H O R E   N   E O
  A L A   O   P   H A N S E
      U   T R A E G E R   S W
    S C H A L L   A   D I E
        O   O   S T I E G
  I S L A M I S C H   R     I
    C A S U S   H   A M I N
    H S   L   B E S T A N D
  L A U S C H E R   R   D I
  F E R C H   N   J O S I A
    R   O   S I R U P   A N
    P A T Z E N   L I A N E
    E S T I N   L I N E A R
```

253

$$\boxed{7}\boxed{5}+\boxed{2}\boxed{1}\boxed{5}=\boxed{2}\boxed{9}\boxed{0}$$
$$+\qquad +\qquad +$$
$$\boxed{2}\boxed{2}\boxed{7}+\boxed{2}\boxed{3}\boxed{0}=\boxed{4}\boxed{5}\boxed{7}$$
$$\overline{\boxed{3}\boxed{0}\boxed{2}+\boxed{4}\boxed{4}\boxed{5}=\boxed{7}\boxed{4}\boxed{7}}$$

254

2 x 4 x 6 + 1 + 9 x 8 : 2 = 232

255

Verrat und Argwohn lauscht in allen Ecken

LÖSUNGEN ★★

256

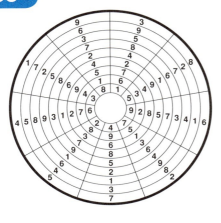

259

5	9	6	1	2	8	3	4	7
1	3	8	5	4	7	2	9	6
4	7	2	6	3	9	1	5	8
8	2	4	9	6	5	7	1	3
9	6	1	2	7	3	5	8	4
3	5	7	4	8	1	6	2	9
6	8	9	7	1	2	4	3	5
7	1	5	3	9	4	8	6	2
2	4	3	8	5	6	9	7	1

260

4	5	10	12	11	9	2	6	1	8	7	3
6	1	2	7	5	3	8	4	12	9	10	11
9	11	3	8	10	7	1	12	6	5	2	4
8	12	6	9	1	4	7	2	3	11	5	10
11	4	1	2	9	5	3	10	8	12	6	7
3	10	7	5	12	11	6	8	2	1	4	9
2	8	5	3	7	10	4	11	9	6	1	12
12	6	4	1	2	8	9	3	10	7	11	5
7	9	11	10	6	1	12	5	4	2	3	8
10	2	9	11	4	12	5	1	7	3	8	6
5	7	8	6	3	2	10	9	11	4	12	1
1	3	12	4	8	6	11	7	5	10	9	2

257

Battleship-Raster mit Spaltenzahlen 5 2 2 3 1 3 1 2 1 1 0 0 und Zeilenzahlen 3 6 6 4 2 0 0.

258

A	M	O	R	O	M	A
P	R	A	E	A	R	P
M	A	I	S	I	A	M
L	E	S	E	S	E	L
H	E	R	D	R	E	H
E	L	L	A	L	L	E

261

35	-	3	+	8	40
+		+		-	
2	x	4	+	6	14
-		x		x	
9	x	7	-	5	58
28		49		10	

LÖSUNGEN

262

```
9  4  5  1  7  2  6 11 10  8 12  3
12  3  2  8  4  5  9 10  7  6  1 11
7 11 10  6 12  1  8  3  9  5  2  4
4  8  9 12 10  6  3  7  5  2 11  1
5  2  6  3  1 12 11  8  4  7  9 10
10  1  7 11  2  9  5  4  8  3  6 12
6  5  3  2 11 10  1  9 12  4  8  7
11  7  1  4  5  8 12  2  3  9 10  6
8  9 12 10  3  4  7  6  1 11  5  2
3 10  4  5  8 11  2 12  6  1  7  9
1  6 11  7  9  3 10  5  2 12  4  8
2 12  8  9  6  7  4  1 11 10  3  5
```

263

1. GRATIS, 2. ABRISS,
3. LAPSUS, 4. IMMENS,
5. OBOLUS, 6. NICHTS,
7. SOZIUS, 8. FILIUS,
9. IMPULS, 10. GRIESS,
11. UMRISS, 12. RATLOS

GALIONSFIGUR

264

Auch das beste Pferd stolpert einmal.

265

Ordnung hilft haushalten.

266

```
B E G E I S T E R N   N A S E
E   I S E   R   I O N E N   K
F O   S   R E C K E   I   S Z
U N G E N A U   S   K N E T E
N E O N   B   S C H I   R O M
D   S   B E G E H R E N   E
  A S I A   E N A   M   A R A
H O E H L E   K   G E I G E
E R N   K   F E G E N   A   E
I T   T A D E L   R   O P E R
T A L O N   E   M A N U E L L
```

Man soll den Tag nicht vor dem Abend loben

267

268

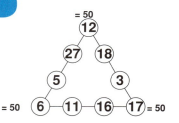

269

WORT, EISEN, INHABER, NADEL, FREI, ANLAGE, SCHNITT, SICHT = WEINFASS

LÖSUNGEN

270

```
7  1  6  5  9  4 10  3  2 12 11  8
12 10 11  8  2  1  6  7  4  5  9  3
2  4  3  9 12  5  8 11  7 10  6  1
8  7  5  3  1 10  4  9  6 11  2 12
9  6  2  1  7 12 11  8 10  3  4  5
4 12 10 11  5  6  3  2  8  1  7  9
11  9  1 12  8  2  7 10  5  4  3  6
6  2  4 10  3 11  5 12  1  9  8  7
3  5  8  7  6  9  1  4 11  2 12 10
10  8  7  2 11  3 12  1  9  6  5  4
5  3  9  4 10  7  2  6 12  8  1 11
1 11 12  6  4  8  9  5  3  7 10  2
```

273

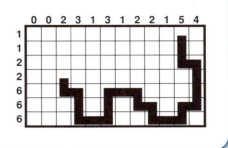

271

274

1. IKONEN, 2. LUEGEN,
3. LIEGEN, 4. UNGERN,
5. SUEDEN, 6. TICKEN,
7. RANZEN, 8. INDIEN,
9. EXAMEN, 10. RENNEN,
11. TRAGEN, 12. ENTERN

ILLUSTRIERTE

272

```
2 3 1 9 4 8 6 7 5
4 6 7 3 2 5 8 9 1
9 8 5 1 7 6 2 4 3
6 4 3 2 5 7 9 1 8
7 5 9 8 3 1 4 2 6
8 1 2 6 9 4 5 3 7
5 2 6 4 1 3 7 8 9
3 7 4 5 8 9 1 6 2
1 9 8 7 6 2 3 5 4
```

275

Wer nicht hören will, muss fühlen.

276

Wer ausharrt, dem gelingt's.

271

LÖSUNGEN ★★

277

3	11	2	1	8	4	5
4	2	13	13	3	10	1
10	1	3	4	12	2	8
6	3	17	2	13	1	4
2	10	4	14	1	3	10
1	12	12	3	4	15	2
5	4	1	10	2	11	3

278

34	-	9	-	7	18
+		-		x	
2	x	3	+	5	11
-		x		+	
6	+	4	+	8	18
30		24		43	

279

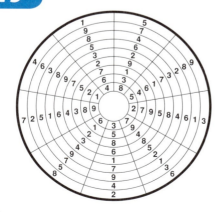

280

(ANFANG – FANG) +
ZWEIER - ZIER) +
(TUSCHE – TUCH) +
(PASSEND – PASSE)
= ANWESEND

281

```
 2 8 1 +   3 8 = 3 1 9
   +       +       +
 2 9 8 + 3 3 3 = 6 3 1
─────────────────────
 5 7 9 + 3 7 1 = 9 5 0
```

282

	H	K	M	I
I		M	H	K
M	K		I	H
K	I	H		M
H	M	I	K	

283

Besser zur unpassenden Zeit als gar nicht

LÖSUNGEN

284

XI + VI = XVII

285

Zoohändler

286

3 + 9 + 1 x 6 : 3 − 7 − 4 = 15

287

(SCHEIDE − SEIDE) +
(PAULUS − PLUS) +
(SHORTS − HORT) +
(GAENZE − GANZ)
= CHAUSSEE

288

		D		N			M			
A	N	Z	E	I	G	E		W	O	H	E	R
	I		S	T	R	U	D	E	L		M	U
A	K	R	I	B	I	E		S		A	S	E
	I		G		E		B	I	N	D	E	
S	T	A	N	D	S	P	U	R		L		D
	A	P	S	I	S		T		L	I	V	E
	F		S		H	A	L	O	G	E	N	
M	A	E	D	C	H	E	N		Y		N	A
J	U	L	I	O		L		K	A	T	E	R
	S		A	P	F	E	I	L		D		
H	O	E	H	L	E		T		V	I	R	
N	E	S	T		A		G	A	R	A	G	E
L	W		E	T	H	O	S		L		V	
F	I	R	M	A		T		M	U	S	E	
K	E	N		I	N	I	T	I	A	T	O	R
	N		F	L	E	D	E	R	M	A	U	S

289

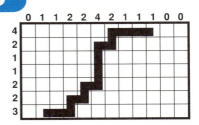

290

2	1	11	4	9	10	5	12	3	7	8	6
9	3	5	8	6	1	7	2	12	11	10	4
6	10	12	7	8	11	3	4	1	9	5	2
8	2	10	3	4	6	9	1	11	12	7	5
4	6	7	9	12	5	11	10	8	1	2	3
12	5	1	11	3	7	2	8	9	4	6	10
11	9	3	1	7	2	12	5	10	6	4	8
5	8	4	12	1	3	10	6	7	2	11	9
10	7	6	2	11	4	8	9	5	3	12	1
3	11	9	6	10	8	4	7	2	5	1	12
1	12	8	5	2	9	6	11	4	10	3	7
7	4	2	10	5	12	1	3	6	8	9	11

LÖSUNGEN ★★

291

```
  2 4 4  +   3 8  = 2 8 2
    +        +        +
  1 6 8  + 4 7 8  = 6 4 6
  ─────────────────────
  4 1 2  + 5 1 6  = 9 2 8
```

292

Handyverkäufer

293

Zwischen den Zeilen Lesen.

294

1. GEBISS, 2. EIGENS,
3. DAMALS, 4. ERDGAS,
5. NIMBUS, 6. KOLOSS,
7. MUTLOS, 8. URANUS,
9. ELSASS, 10. NACHTS,
11. ZENSUS, 12. ENDLOS

GEDENKMUENZE

295

37	-	9	-	4	24
+		+		x	
2	x	7	x	6	84
-		-		+	
8	x	3	-	5	19
31		13		29	

296

Am Abend werden die Faulen fleißig.

297

9	1	7	5	6	10	4	11	2	8	12	3
11	3	6	4	5	8	2	12	7	10	9	1
12	8	10	2	7	9	1	3	6	5	4	11
10	4	2	6	11	5	9	7	1	3	8	12
8	12	5	11	1	3	6	2	9	4	10	7
1	9	3	7	12	4	10	8	5	2	11	6
7	11	9	12	4	2	8	1	3	6	5	10
3	5	1	10	9	7	12	6	8	11	2	4
6	2	4	8	3	11	5	10	12	1	7	9
2	10	11	3	8	6	7	9	4	12	1	5
4	6	12	9	2	1	11	5	10	7	3	8
5	7	8	1	10	12	3	4	11	9	6	2

298

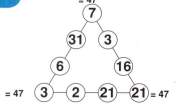

LÖSUNGEN

299

Ununterbrochene Beredsamkeit langweilt

300

3	7	4	1	8	5	2	6	9
8	9	5	2	6	4	1	3	7
2	1	6	3	7	9	8	5	4
1	5	2	8	9	6	7	4	3
4	6	8	7	2	3	5	9	1
9	3	7	4	5	1	6	2	8
6	4	1	5	3	8	9	7	2
5	2	3	9	1	7	4	8	6
7	8	9	6	4	2	3	1	5

301

H	K		G	I	
	G	H	I	K	
K	I	G		H	
I		K	H	G	
G	H	I	K		

302

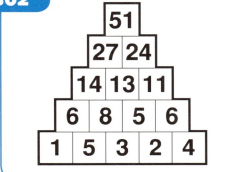

303

Tankwart

304

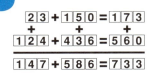

305

Schönheit zieht stärker als Ochsen.

LÖSUNGEN ★★

306

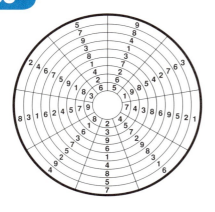

307

22	-	8	-	9	5
-		+		x	
4	x	5	+	3	23
-		x		-	
7	+	6	x	2	26
11		78		25	

308

3	2	12	4	11	5	1
10	1	2	3	14	4	9
4	12	12	12	2	1	3
1	4	10	2	3	15	10
8	15	3	1	9	2	4
5	3	4	14	1	16	2
2	10	1	10	4	3	5

309

A	V	U	S	U	V	A
G	U	R	T	R	U	G
M	A	D	E	D	A	M
A	D	E	L	E	D	A
B	E	I	L	I	E	B
E	M	M	A	M	M	E

310

Der Zorn ist kurze Raserei.

311

312

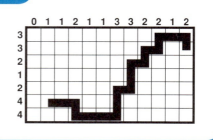

LÖSUNGEN

313

1. BUCHEN, 2. ALBERN,
3. SCHEIN, 4. KASTEN,
5. EIFERN, 6. NEPTUN,
7. MIKRON, 8. UNSINN,
9. EXTERN, 10. TERMIN,
11. ZERREN, 12. EDISON

BASKENMUETZE

314

PREIS, ARBEIT, REISE,
TURM, ESSIG, REICH,
REGEN, ENKEL
= PARTERRE

315

		41		
	18	23		
	9	9	14	
5	4	5	9	
2	3	1	4	5

316

$7 + 3 + 4 + 9 - 8 + 6 : 7 = 3$

317

Minenarbeiter

318

40	-	5	-	9	26
-		+		-	
8	+	2	x	6	60
-		+		x	
7	+	3	x	4	40
25		10		12	

319

6	5	1	3	7	2	12	10	4	8	11	9
12	8	10	7	4	11	9	5	1	2	6	3
2	11	4	9	3	8	6	1	10	7	12	5
7	9	12	4	5	6	10	3	2	1	8	11
10	6	8	11	2	7	1	12	5	9	3	4
1	3	2	5	8	9	11	4	7	6	10	12
8	10	11	6	1	5	2	9	3	12	4	7
4	2	3	1	11	12	7	8	6	5	9	10
5	7	9	12	10	4	3	6	8	11	1	2
9	12	7	8	6	3	4	2	11	10	5	1
3	1	6	2	9	10	5	11	12	4	7	8
11	4	5	10	12	1	8	7	9	3	2	6

320

Aus dem Feuer in die Flamme.

LÖSUNGEN

321

```
G J . M H .
M . H G J .
. H G J M .
J G M H . .
H M J . G .
```

322

$$166 + 267 = 433$$
$$+ \quad + \quad +$$
$$179 + 144 = 323$$
$$\overline{345 + 411 = 756}$$

323

324

4	2	1	6	3	9	8	5	7
7	9	6	5	8	2	3	4	1
8	3	5	7	4	1	2	9	6
9	8	7	1	2	3	5	6	4
6	4	3	9	7	5	1	8	2
1	5	2	4	6	8	7	3	9
3	1	9	2	5	4	6	7	8
5	6	4	8	1	7	9	2	3
2	7	8	3	9	6	4	1	5

325

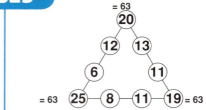

326

Williger Sinn macht leichte Füße.

LÖSUNGEN

327

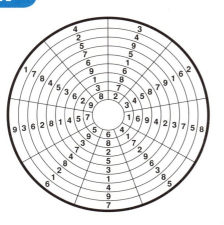

328

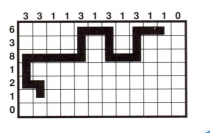

329

E	B	E	R	E	B	E
M	A	M	I	M	A	M
T	E	I	N	I	E	T
B	O	R	G	R	O	B
S	O	R	E	R	O	S
F	L	O	R	O	L	F

330

Pizzabäckerin

331

2 x 3 + 7 + 4 x 8 − 9 + 5 = 132

332

3	8	7	4	12	11	10	6	2	9	1	5
12	10	6	2	9	5	1	7	3	8	4	11
1	9	5	11	4	2	3	8	6	10	7	12
8	7	1	6	11	10	12	3	5	2	9	4
11	2	4	5	7	9	8	1	12	6	3	10
10	12	3	9	2	6	5	4	7	11	8	1
9	6	12	1	8	3	2	10	11	4	5	7
4	3	10	8	5	7	11	9	1	12	6	2
5	11	2	7	1	4	6	12	9	3	10	8
7	4	8	12	3	1	9	2	10	5	11	6
2	5	9	10	6	8	7	11	4	1	12	3
6	1	11	3	10	12	4	5	8	7	2	9

LÖSUNGEN ★★★

333
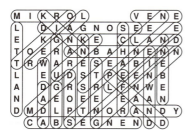

334
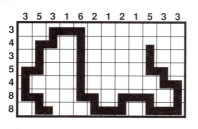

335
$9 + 7 \times 5 + 3 + 8 + 4 - 6 = 89$

336
$194 + 48 = 242$
$+ \quad\quad +\quad\quad\quad +$
$201 + 42 = 243$
$\overline{395 + 90 = 485}$

337

Y	U	C	C	A
Y	A	C	H	T
Y	O	N	N	E
Y	T	O	N	G
Y	E	A	T	S
Y	O	G	I	N
Y	A	R	E	N
Y	O	U	N	G

338

LÖSUNGEN ★★★

339
XVIII + VI = XXIV

340

Wer den Pfennig nicht ehrt, ist des Talers nicht wert

341
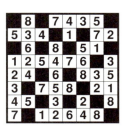

342

343
$$260 + 269 = 529$$
$$+ \quad\quad + \quad\quad +$$
$$61 + 184 = 245$$
$$321 + 453 = 774$$

344
KARST, UNRAT, ESPEN, NEHRU, DIELEN, ITALA, GEIER, UNTER, NENNER, GESTE = KUENDIGUNG

345

346
Nach rechts unten: 1 DEIN, 2 BODEN, 3 RODEL, 4 RASEN, 5 WEBEN, 6 PATER, 7 LATEX, 8 DREH, 9 OM
Nach links unten: 2 BD, 3 ROER, 4 RODIN, 5 WADEN, 6 PESEN, 7 LABEL, 8 DATEN, 9 ORTEN, 10 MEER

LÖSUNGEN

347

348

BERGE, UNEHRE, CHRIST, HERDEN, MAGIE, AROMEN, CHANEL, HEUERN, ERNEST, RIEGE = BUCHMACHER

349

1	6	10	7	1	2	4	12	3	5	9	8
5	3	4	9	7	6	1	8	2	11	10	12
2	11	12	8	5	10	9	3	4	6	1	7
12	8	11	6	3	9	10	1	5	4	7	2
4	9	5	10	2	11	12	7	1	8	6	3
3	7	1	2	8	5	6	4	11	10	12	9
6	5	9	4	10	7	8	2	12	1	3	11
7	2	3	1	12	4	11	5	10	9	8	6
10	12	8	11	9	1	3	6	7	2	4	5
8	10	7	5	4	3	2	9	6	12	11	1
11	1	2	12	6	8	7	10	9	3	5	4
9	4	6	3	1	12	5	11	8	7	2	10

350

$1 + 6 \times 2 + 9 - 8 \times 7 : 3 = 35$

351

1. Sg8
1. ... Kc6 2. Dxe4‡
1. ... c6 2. Lf7‡
1. ... d6 2. c6‡
1. ... e3 2. Sb4‡
1. ... L ~ 2. Dxd7‡
1. ... S ~ 2. S(x)e7‡

352

Wenige Suender werden noch nach den ersten zwanzig Minuten einer Predigt gerettet

353

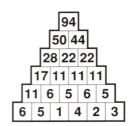

LÖSUNGEN ★★★

354

6	3	7	9	1	2	5	4	8
8	5	1	6	3	4	2	7	9
5	4	2	7	8	9	3	6	1
2	8	3	4	9	1	6	5	7
9	2	4	3	7	5	1	8	6
3	1	5	2	6	8	7	9	4
4	6	8	1	2	7	9	3	5
7	9	6	8	5	3	4	1	2
1	7	9	5	4	6	8	2	3

355

8	2	1	7	9	4	5	3	12	11	6	10
4	9	12	11	6	10	1	8	7	2	3	5
5	10	3	6	11	2	7	12	9	8	1	4
11	1	9	12	5	3	6	7	2	10	4	8
6	3	10	8	2	12	4	11	5	1	7	9
2	4	7	5	8	1	10	9	6	12	11	3
1	8	4	9	7	6	12	10	11	3	5	2
3	12	6	10	4	5	11	2	8	7	9	1
7	11	5	2	3	9	8	1	10	4	12	6
9	7	8	4	1	11	2	6	3	5	10	12
10	6	11	1	12	8	3	5	4	9	2	7
12	5	2	3	10	7	9	4	1	6	8	11

356

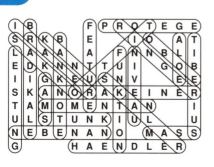

357

4	10	3	10	2	1	5
5	1	2	14	3	16	4
6	9	1	3	15	4	2
3	2	10	4	1	15	10
2	14	14	14	4	3	1
10	3	4	1	12	2	9
1	4	14	2	5	5	3

358

I	D	I	O	M
I	D	O	T	Z
I	T	A	L	O
I	L	I	O	N
I	M	A	G	E
I	B	I	Z	A
I	N	S	E	L
I	N	D	I	Z

359

$$459 - 41 = 418$$
$$+ \quad + \quad +$$
$$497 - 399 = 98$$
$$\overline{956 - 440 = 516}$$

360

UNSTET, NASEN, SCHORF,
TIMES, RATER, ERBSE,
INDRA, TAKEL, INDER,
GENUS = UNSTREITIG

LÖSUNGEN ★★★

361

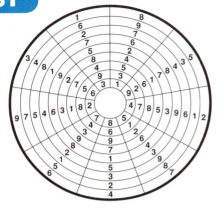

362

Wenn das Boese die Dreistigkeit hat, muss das Gute den Mut haben

363

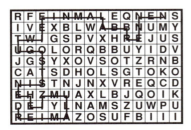

Dreimal umziehen ist so gut wie einmal abbrennen

364

6 2 4	9 1 3	5 7 8		4 7 1	2 8 9	3 5 6
5 8 3	4 7 6	1 2 9		6 3 8	5 7 1	9 4 2
1 7 9	2 8 5	3 4 6		5 2 9	4 6 3	7 1 8
3 9 1	7 4 2	6 8 5		8 9 5	6 4 2	1 3 7
2 5 7	1 6 8	9 3 4		3 6 4	9 1 7	2 8 5
4 6 8	3 5 9	2 1 7		7 1 2	8 3 5	4 6 9
7 3 2	5 9 4	8 6 1	3 9 5	2 4 7	1 5 8	6 9 3
9 1 6	8 2 7	4 5 3	1 7 2	9 8 6	3 2 4	5 7 1
8 4 5	6 3 1	7 9 2	4 6 8	1 5 3	7 9 6	8 2 4
		6 8 4	2 5 1	3 7 9		
		1 7 9	6 8 3	4 2 5		
		2 3 5	7 4 9	6 1 8		
5 2 9	8 1 7	3 4 6	8 1 7	5 9 2	8 7 6	3 4 1
4 7 1	3 5 6	9 2 8	5 3 4	7 6 1	5 3 4	2 8 9
3 6 8	4 9 2	5 1 7	9 2 6	8 3 4	2 9 1	6 7 5
8 4 7	1 6 9	2 3 5		3 4 7	6 8 5	1 9 2
1 3 6	5 2 8	4 7 9		6 5 8	9 1 2	4 3 7
9 5 2	7 4 3	6 8 1		2 1 9	7 4 3	8 5 6
7 9 5	2 3 1	8 6 4		1 7 5	3 2 8	9 6 4
6 8 3	9 7 4	1 5 2		9 2 3	4 6 7	5 1 8
2 1 4	6 8 5	7 9 3		4 8 6	1 5 9	7 2 3

365

XXII + VI = XXVIII

366

I	D	A	H	O
I	A	S	O	N
I	M	O	L	A
I	L	I	A	S
I	N	T	R	O
I	B	S	E	N
I	S	L	A	M
I	R	D	E	N

LÖSUNGEN ★★★

367

1. Sd2
1. ... Kc5 oder Se4 2. Sb3‡
1. ... Ke5 oder c5 oder Sh3
2. Dh8‡
1. ... d5 oder S ~ 2. Lf2‡

368

3	10	6	5	2	7	12	9	11	8	4	1
4	9	12	11	1	6	8	5	7	10	3	2
2	8	1	7	10	3	4	11	5	9	12	6
7	2	11	10	12	4	1	6	8	5	9	3
8	1	5	12	11	9	3	2	4	6	10	7
9	3	4	6	8	5	10	7	2	11	1	12
10	6	7	1	3	2	11	4	9	12	8	5
5	12	8	9	7	1	6	10	3	2	11	4
11	4	2	3	5	8	9	12	1	7	6	10
1	7	10	4	6	11	2	8	12	3	5	9
6	5	9	8	4	12	7	3	10	1	2	11
12	11	3	2	9	10	5	1	6	4	7	8

369

Nach rechts unten: 1 FRON, 2 KAREL, 3 BEBEN, 4 GEGEN, 5 ORDEN, 6 ORTER, 7 INDUS, 8 ENDE, 9 AB

Nach links unten: 2 KF, 3 BART, 4 GEROK, 5 OEBEN, 6 ORGEL, 7 IRDEN, 8 ENTEN, 9 ANDEN, 10 BDUR

370

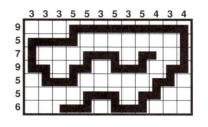

371

Die Natuerlichkeit ist nicht nur das Beste, sondern auch das Vornehmste

372

373

7	4	6	1	5	9	8	3	2
1	3	5	2	4	8	7	6	9
9	2	8	7	6	3	5	4	1
2	5	3	4	8	7	1	9	6
6	9	4	5	1	2	3	8	7
8	1	7	9	3	6	4	2	5
4	7	9	3	2	1	6	5	8
5	8	1	6	9	4	2	7	3
3	6	2	8	7	5	9	1	4

LÖSUNGEN ★★★

374

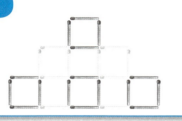

375

376

Eine Ehe in Hollywood ist wie ein schoenes heisses Bad. Es kuehlt ziemlich schnell ab.

377

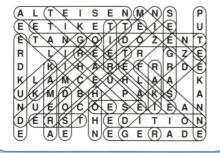

378

379

VIOLEN, ERLAU, RESET,
FURIEN, ULMER, EINTEL,
HUSCH, RATTE, EGART,
NIPPEL = VERFUEHREN

380

$$280 - 144 = 136$$
$$+ \quad\quad + \quad\quad +$$
$$323 - 65 = 258$$
$$\overline{603 - 209 = 394}$$

381

EUTER, NEGUS, TRAPEZ,
LUMPEN, AUREL, SONJA,
SORTEN, UNIKAT, NORGE,
GRETA = ENTLASSUNG

LÖSUNGEN ★★★

382

383

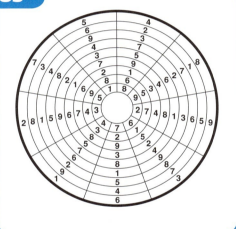

384

Wenn man einem uebel will, findet man zur Axt leicht einen Stiel

385

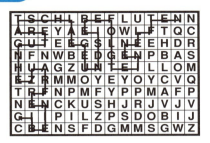

Gib einer Frau zehn gute Ratschläge und sie befolgt einen elften

386

X	E	N	O	N
X	Y	L	O	L
X	E	T	R	A
X	F	A	C	H
X	A	V	E	R
X	Y	L	E	N
X	H	O	S	A
X	E	R	E	S

387

	2	1	6		3	5		
3		7		8	1	4	2	
6	1	5	7		2		4	
5		3		1		8	6	
8	7		2	4	6	1		
4	6	8		2	5		1	
	5		1		8	2	7	
2	8	6	5	3	4	7		

LÖSUNGEN

388

389

390

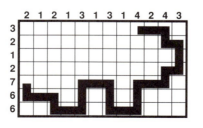

391

392

393

Auf das Glueck darf man nicht warten, denn dann kommt es nicht; man muss daran arbeiten

394

$7 + 9 \times 6 \times 4 - 8 + 3 - 2 = 377$

LÖSUNGEN ★★★

395
```
 2 7 2  +   5 4 = 3 2 6
  +         +        +
 2 2 1  + 1 1 3 = 3 3 4
 ─────────────────────
 4 9 3  + 1 6 7 = 6 6 0
```

396
5	1	2	10	3	4	5
4	13	3	2	12	14	1
3	17	13	1	2	10	4
8	3	4	12	12	1	2
2	12	14	4	1	3	9
9	2	1	13	4	13	3
1	4	10	3	9	2	5

397

VIII + V = XIII

398

399
Nach rechts unten: 1 ORLY, 2 LOIPE, 3 KELTE, 4 TESLA, 5 DOLDE, 6 MINOS, 7 VORAB, 8 FEIN, 9 AR
Nach links unten: 2 LO, 3 KORB, 4 TEILS, 5 DELPY, 6 MOSTE, 7 VILLE, 8 FONDA, 9 AEROE, 10 RIAS

400

Wenn man lange genug wartet, wird das schönste Wetter

401
BEILE, ENKEL, GIEBEL, EDLER, ISERE, STEIG, TABUS, EIFERN, ROLAND, TUNKE
= BEGEISTERT

LÖSUNGEN ★★★

402

6	5	3	7	1	11	4	12	10	8	2	9
2	4	8	12	6	3	10	9	11	7	5	1
1	9	11	10	8	2	7	5	3	6	12	4
11	8	12	1	7	4	2	6	5	9	10	3
3	10	7	9	11	1	5	8	4	2	6	12
5	6	4	2	3	12	9	10	8	1	7	11
7	1	10	4	9	5	8	3	2	12	11	6
8	12	2	11	10	6	1	4	9	5	3	7
9	3	6	5	12	7	11	2	1	10	4	8
4	7	9	8	5	10	12	11	6	3	1	2
12	2	5	6	4	8	3	1	7	11	9	10
10	11	1	3	2	9	6	7	12	4	8	5

403

7 + 3 + 6 + 2 + 7 x 4 + 8 = 108

404

1. Lc8
1. ... exd6 2. Dg5‡
1. ... dxe2 2. Dd2‡
1. ... c5 2. Lb7‡
1. ... ~ 2. De6‡

405

406

Ein Geschaeft eroeffnen ist leicht; schwer ist es, es geoeffnet zu halten

407

Es ist nicht so weit vom Herzen zum Munde, wie vom Munde zur Hand

408

8	7	9	4	5	3	1	6	2
5	6	3	2	8	1	9	7	4
4	2	1	9	7	6	8	3	5
9	4	7	6	2	8	5	1	3
1	3	6	5	9	4	2	8	7
2	8	5	3	1	7	4	9	6
3	5	2	8	6	9	7	4	1
6	1	8	7	4	5	3	2	9
7	9	4	1	3	2	6	5	8

409

G	O	L	E	M
G	E	I	S	S
G	A	B	U	N
G	R	I	L	L
G	R	U	B	E
G	R	A	S	S
G	L	O	S	S
G	R	A	T	A

LÖSUNGEN ★★★

410

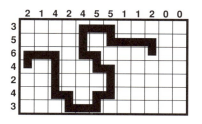

411

Nach rechts unten: 1 FASS,
2 BESAN, 3 LITER, 4 NOMEN,
5 NEUES, 6 DEHIO, 7 TANGO,
8 IRAK, 9 OY
Nach links unten: 2 BF, 3 LEAD,
4 NISSE, 5 NOTAS, 6 DEMEN,
7 TEUER, 8 IAHEN, 9 ORNIS,
10 YAGO

412

413

1	24	25	25	22	15	10	2	17	24
17	10	16	6	9	5	2	21	6	2
25	2	14	12	21	14	3	23	17	24
3	21	12	4	18	3	25	11	9	19
8	6	4	25	10	22	24	8	4	4
25	16	13	12	23	6	13	14	20	15
14	22	20	21	9	3	7	5	15	26

414

9	7	8	10	1	3	11	4	2	5	6	12
11	12	5	4	10	9	6	2	8	3	7	1
6	2	1	3	5	12	8	7	4	10	11	9
5	10	9	6	2	8	3	12	11	7	1	4
3	8	2	1	7	5	4	11	6	9	12	10
7	4	12	11	9	10	1	6	5	2	3	8
8	1	11	2	6	7	5	10	12	4	9	3
10	5	6	12	3	4	2	9	7	1	8	11
4	9	3	7	8	11	12	1	10	6	2	5
2	6	4	8	11	1	9	5	3	12	10	7
12	11	10	9	4	6	7	3	1	8	5	2
1	3	7	5	12	2	10	8	9	11	4	6

415

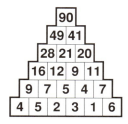

416

Hat man die Liebe durchgeliebt,
faengt man die Freundschaft an

LÖSUNGEN ★★★

417

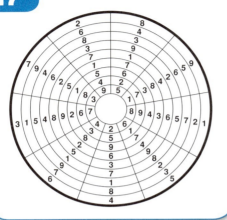

420

$9 + 3 + 4 - 9 \times 5 : 7 \times 6 = 30$

421

6	8	9	4	7	2	3	1	5
2	5	7	1	8	3	9	4	6
4	2	3	5	9	6	8	7	1
1	4	2	7	5	8	6	9	3
9	3	6	2	4	1	7	5	8
8	1	4	3	6	9	5	2	7
3	7	5	8	2	4	1	6	9
7	9	1	6	3	5	2	8	4
5	6	8	9	1	7	4	3	2

418

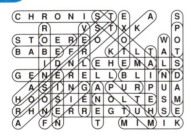

422

R	A	N	K	E
R	I	G	I	D
R	A	M	M	E
R	A	C	H	E
R	U	M	B	A
R	U	S	S	E
R	E	N	T	E
R	O	M	E	O

419

1. De7
1. ... Kxd4 2. Lb2‡
1. ... Kf4 2. Dxc7‡
1. ... Tx d4 2. Dxg5‡
1. ... Tf4 2. Td5‡
1. ... Txg4 oder Se3 ~ 2. Sf3‡
1. ... Sf2 ~ 2. Txe4‡

423

L	T	N	Y	E	M	C	C	O	V	O	A	T	H
U	K	D	Z	S	Z	S	M	N	S	V	E	R	E
J	G	K	Y	H	J	F	C	Q	Y	E	S	S	T
N	V	C	W	Q	H	A	N	L	R	D	I	R	E
T	C	K	T	T	F	B	W	W	I	B	E	W	D
M	S	F	W	Z	U	V	S	E	K	O	E	S	E
Q	A	L	G	E	N	E	N	D	W	I	Q	C	R
E	C	R	R	G	S	S	L	K	T	W	Y	I	L
N	U	R	R	U	I	K	O	R	V	F	J	E	X
R	J	D	E	N	W	D	J	B	Z	Z	E	U	W

Nur der Umwissende wird boese.
Der Weise versteht.

LÖSUNGEN ★★★

424
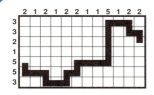

425

6	5		8	2		3		
	4	1	5	8	3	2	6	
7		3		1	4	8		
4	8	6	7		2			1
5		7		6	8	1	3	
	6	5	2		7			8
1	2		6	3		4		
	3	2		7	6	5	4	

426

Nach rechts unten: 1 OERE, 2 MIETE, 3 GUSTO, 4 ZARGE, 5 PORST, 6 BASAR, 7 KEBAB, 8 JAEH, 9 CD
Nach links unten: 2 MO, 3 GIER, 4 ZUERI, 5 PASTE, 6 BORTE, 7 KARGO, 8 JESSE, 9 CABAT, 10 DEAR

427

Nicht weil es schwer ist, wagen wir's nicht, sondern weil wir's nicht wagen, ist es schwer

428
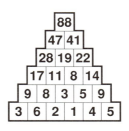

429

$$\boxed{3}\boxed{9} + \boxed{2}\boxed{8}\boxed{1} = \boxed{3}\boxed{2}\boxed{0}$$
$$+ \qquad + \qquad +$$
$$\boxed{2}\boxed{2}\boxed{8} + \boxed{1}\boxed{1}\boxed{8} = \boxed{3}\boxed{4}\boxed{6}$$
$$\boxed{2}\boxed{6}\boxed{7} + \boxed{3}\boxed{9}\boxed{9} = \boxed{6}\boxed{6}\boxed{6}$$

430

LÖSUNGEN ★★★

431
GERADE, EINZEL, MATHE, UMBRA, EFENDI, TISCHE, LUPEN, IRDEN, CREEK, HUNGER = GEMUETLICH

432
$$160 + 290 = 450$$
$$+ \quad + \quad +$$
$$113 + 122 = 235$$
$$273 + 412 = 685$$

433

434

6	8	3	4	1	7	9	5	2
9	7	1	6	5	2	8	3	4
2	5	4	3	8	9	6	7	1
5	4	2	1	7	8	3	9	6
8	3	9	2	6	4	5	1	7
7	1	6	9	3	5	4	2	8
4	2	7	5	9	6	1	8	3
3	6	5	8	2	1	7	4	9
1	9	8	7	4	3	2	6	5

435

M	A	M	B	A
M	I	M	I	K
M	E	M	M	E
M	A	F	I	A
M	O	T	T	O
M	E	N	S	A
M	A	K	R	O
M	A	R	G	E

436

1	13	7	30	40	39	16	17	7	39
25	31	35	4	8	36	11	24	19	5
36	27	32	28	3	21	14	2	7	24
41	6	2	26	29	15	38	20	5	26
26	37	33	20	18	4	24	5	9	22
3	41	40	36	11	26	10	14	21	12
7	18	30	18	19	34	13	10	23	42

437

6	10	7	11	3	9	1	2	4	8	12	5
12	2	1	4	5	7	8	11	9	10	6	3
3	8	5	9	10	6	12	4	11	2	1	7
9	3	4	10	1	12	5	7	8	11	2	6
8	5	11	1	4	2	6	3	12	7	10	9
2	6	12	7	8	11	10	9	3	4	5	1
10	7	9	5	6	3	4	12	2	1	8	11
11	1	8	2	9	5	7	10	6	3	4	12
4	12	3	6	11	8	2	1	5	9	7	10
5	9	10	12	7	4	3	8	1	6	11	2
7	11	2	8	12	1	9	6	10	5	3	4
1	4	6	3	2	10	11	5	7	12	9	8

LÖSUNGEN ★★★

438

3	1	3	8	10	2	4
2	9	10	4	1	3	12
1	9	2	16	4	14	3
10	4	12	3	2	14	1
3	2	1	14	13	4	7
12	17	4	1	3	10	2

442

Nichts ist zu schwer, fuer den, der will

439

$$13 + 380 = 393$$
$$+ \quad\quad + \quad\quad +$$
$$211 + 368 = 579$$
$$\overline{224 + 748 = 972}$$

443

440

$3 + 8 \times 3 - 6 - 1 + 9 + 4 = 39$

441

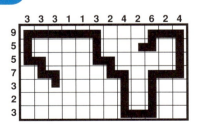

444

DESPOT, ORTER, PORTER, PERSER, ENTEN, LATTEN, KASSEN, OSTERN, RODEN, NUTEN = DOPPELKORN

LÖSUNGEN

445
1. Sc4
1. ... Kxc4 2. La2‡
1. ... Dxb6 2. Sxb6‡
1. ... D ~ 2. D(x)c5‡
1. ... c5 2. De6á
1. ... e4 2. Dd4‡
1. ... ~ 2. Se3‡

446

447

448

449
1. Lc2
1. ... g6 2. Lf6‡
1. ... Ld6 2. Dxg7‡
1. ... L ~ 2. D(x)c7‡
1. ... Td4 2. cxd4‡
1. ... Tc4 2. Sxc4‡
1. ... Txg4 2. Sxg4‡
1. ... T ~ 2. L(x)f4‡
1. ... Sb ~ 2. Txd5‡
1. ... Sg ~ 2. Txe4‡

450

451
Nach rechts unten: 1 NEST, 2 TIEFS, 3 TUNIS, 4 DUDEN, 5 ZARIN, 6 LOBEN, 7 MASER, 8 GIRO, 9 EI
Nach links unten: 2 TN, 3 TIER, 4 DUESE, 5 ZUNFT, 6 LADIS, 7 MORES, 8 GABIN, 9 EISEN, 10 IREN

LÖSUNGEN ★★★

452

3	7	5	2	9	8	6	1	4
4	6	7	9	2	5	8	3	1
8	4	2	1	5	3	9	6	7
9	3	4	8	1	7	5	2	6
7	5	3	6	4	1	2	9	8
6	1	8	5	3	9	7	4	2
2	8	9	7	6	4	1	5	3
5	2	1	4	8	6	3	7	9
1	9	6	3	7	2	4	8	5

453

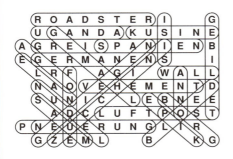

454

3	4	2	9	5	1	6	7	8
8	6	1	3	7	2	9	5	4
7	9	5	6	4	8	3	1	2
9	1	7	8	6	4	2	3	5
6	2	8	5	3	9	7	4	1
4	5	3	2	1	7	8	6	9
2	3	4	7	8	5	1	9	6
5	8	6	1	9	3	4	2	7
1	7	9	4	2	6	5	8	3

455

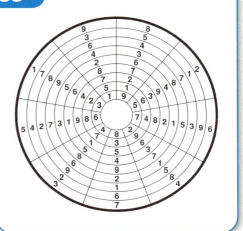

456

Die Schueler sollen nicht meinen, besser als der Lehrer zu sein

457

Vergessenkoennen ist das Geheimnis ewiger Jugend. Wir werden alt durch Erinnerung

458

```
 1 4 7 + 2 5 4 = 4 0 1
  +       +       +
 3 4 8 +   2 9 = 3 7 7
 ─────────────────────
 4 9 5 + 2 8 3 = 7 7 8
```

LÖSUNGEN

459

```
      86
    41 45
   21 20 25
  12  9 11 14
  8  4  5  6  8
 5  3  1  4  2  6
```

460

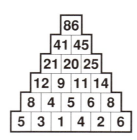

461

```
H E C H T
H A C H E
H A D E S
H E X E N
H A G E R
H A N O I
H E L L E
H E U E R
```

462

$9 + 8 \times 6 + 4 \times 9 + 5 : 7 = 137$

463

$819 - 204 = 615$
$+ \quad - \quad +$
$138 + 107 = 245$
$\overline{}$
$957 - 97 = 860$

464

KRANKENHAUS / GENESIS / ALIBABA / AUSHANG / REGRESS / TRANSFUSION / STOSSEN / SEEGANG / LESSING / EINBAUM

465

466

VIII + III = XI

LÖSUNGEN ★★★

467

11	1	2	8	5	4	3	9	12	7	10	6
9	12	3	5	10	7	6	8	2	4	11	1
10	4	7	6	1	12	2	11	3	8	9	5
1	3	11	2	4	6	7	10	9	5	12	8
8	6	5	10	12	1	9	2	11	3	4	7
12	9	4	7	8	3	11	5	1	6	2	10
4	7	9	12	11	10	5	3	8	1	6	2
3	8	6	11	7	2	1	4	10	12	5	9
5	2	10	1	9	8	12	6	4	11	7	3
6	5	12	3	2	9	4	1	7	10	8	11
2	10	1	4	6	11	8	7	5	9	3	12
7	11	8	9	3	5	10	12	6	2	1	4

468

5	1	6	9	8	3	2	4	7
3	7	9	4	1	8	5	6	2
1	6	3	2	7	4	8	5	9
8	5	4	6	9	2	7	1	3
6	9	8	5	2	1	3	7	4
4	3	7	8	6	9	1	2	5
7	2	1	3	5	6	4	9	8
2	4	5	1	3	7	9	8	6
9	8	2	7	4	5	6	3	1

469

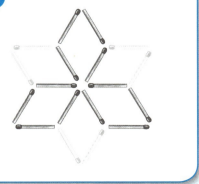

470

1. Sc2
1. ... Ke5 2. Dd4‡
1. ... Kc4 2. Se3‡
1. ... d6 2. Db5‡
1. ... e5 2. Se3‡

471

Auch die Heiterkeit und die Leichtigkeit gehoert zur Philosophie

472

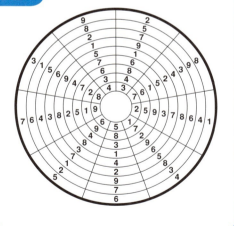

LÖSUNGEN ★★★

473

474

475

476
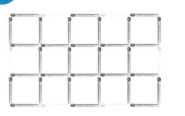

477
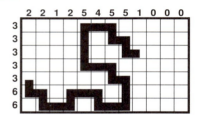

478
Was man nicht weiss, das eben brauchte man; und was man weiss, kann man nicht gebrauchen

479

LÖSUNGEN ★★★

480

481

482

483

FEHLEN, REMUS, IMMEN, KIOTO, AESOP, DIENER, EISEN, LUDER, LASCH, ETUIS = FRIKADELLE

484

7 + 7 x 8 − 6 − 4 : 3 + 2 = 36

485

1. Db4
1. ... Kf5 2. De4‡
1. ... Kd5/d6 2. Dxc5‡
1. ... f5 2. Dd4‡
1. ... d6 2. De4‡
1. ... d5 2. Df4‡

486

633 − 435 = 198
 +   +   +
348 − 211 = 137
─────────────────
981 − 646 = 335

487

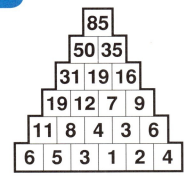

LÖSUNGEN ★★★

488

491

Wer sich verlaesst aufs erben, mag als Narr versterben

489

490

492

493

Versuchungen bekaempft man am besten mit Geldmangel und Rheumatismus

LÖSUNGEN ★★★

494

Nach rechts unten: 1 ZINN, 2 JENES, 3 LOGIK, 4 RANKE, 5 LAERM, 6 SUCHE, 7 BASIS, 8 SEAL, 9 QM

Nach links unten: 2 JZ, 3 LEIB, 4 RONNI, 5 LAGEN, 6 SANIS, 7 BUEKK, 8 SACRE, 9 QESHM, 10 MAIE

495

496

VIII + IV = XII

497

498

499

1 + 7 x 4 − 6 + 2 + 5 : 3 = 11

LÖSUNGEN ★★★

500

K	U	H	L	E
K	O	N	G	O
K	R	U	M	M
K	A	P	E	R
K	N	A	C	K
K	R	I	P	O
K	O	G	G	E
K	A	R	M	A

501

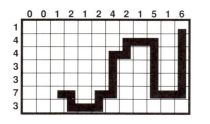

502

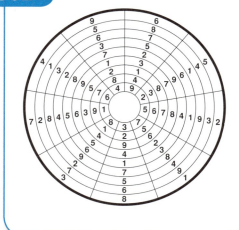

503

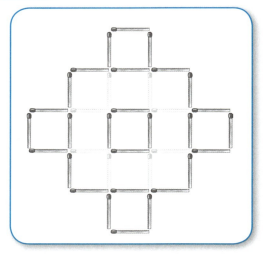

504

1. Db2
1. ... Kc4 2. Sb6‡
1. ... Kc6 2. Db7/g2‡
1. ... c4 2. Ld7‡
1. ... cxd4 2. Db5‡

SO GEHT'S

Rätsel-
anleitungen

SO GEHT'S

3 in 1 Rätsel
Bei diesem Rätsel geht es darum, aus drei Begriffen das Lösungswort herauszufinden. Dabei erklärt der erste Begriff das gesamte Wort, der zweite und dritte Begriff Teile des Wortes, die an erster bzw. zweiter Position einsetzbar sind.
Nr. 46, Nr. 65, Nr. 95, Nr. 114, Nr. 137, Nr. 160

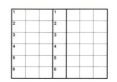

Am Faden
Finden Sie den Anfangsbuchstaben, dann ergibt sich ein Sprichwort aus den restlichen Buchstaben.
Nr. 174, Nr. 194, Nr. 209, Nr. 223, Nr. 247, Nr. 265, Nr. 276, Nr. 293, Nr. 310, Nr. 320

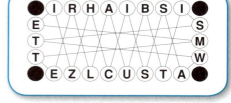

Atomium
Dieser Aufgabentyp beschäftigt sich mit der Addition von Zahlen. Die neun Zahlen müssen so in das Dreieck eingesetzt werden, dass die Summe aller Zahlen einer Seite das jeweils an den Eckpunkten angegebene Ergebnis aufweist.
Nr. 1, Nr. 32, Nr. 62, Nr. 84, Nr. 128, Nr. 152, Nr. 178, Nr. 208, Nr. 227, Nr. 267, Nr. 298, Nr. 325

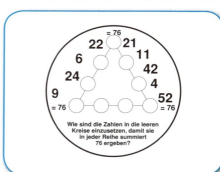

Bilderrad (Picture Wheel)
Tragen Sie die Anfangsbuchstaben der abgebildeten Gegenstände im Uhrzeigersinn in die Kästen, dann erhalten Sie das Lösungswort.
Nr. 16, Nr. 38, Nr. 48, Nr. 71, Nr. 94, Nr. 123, Nr. 163

Rätselanleitungen

Bildersalat
Beim Bildersalat müssen die aufgelisteten Gegenstände in der Grafik gefunden werden, wobei diese von rechts nach links oder links nach rechts, von oben nach unten oder unten nach oben sowie diagonal verlaufen können.
Nr. 67, Nr. 148

Blindfeldsuche
Aus den in den Trennfeldern stehenden Buchstaben ergibt sich, zeilenweise von oben nach unten gelesen, ein Satz. Nr. 170, Nr. 200, Nr. 218, Nr. 232, Nr. 243, Nr. 255, Nr. 266, Nr. 283, Nr. 299

Buchstabenschieben
Beim Buchstabenschieben muss man die Buchstaben einzeln aus den Kästchen nehmen und in die rechte Grafik einsetzen. Nach Verteilung aller Buchstaben ergeben sich in der rechten Grafik sinnvolle Begriffe, die alle denselben Anfangsbuchstaben besitzen.
Nr. 337, Nr. 358, Nr. 366, Nr. 386, Nr. 409, Nr. 422, Nr. 435, Nr. 461, Nr. 500

Business
Stellen Sie die Buchstaben so um, dass sich ein sinnvolles Wort aus dem Bereich „Berufe" ergibt.
Nr. 177, Nr. 205, Nr. 235, Nr. 285, Nr. 292, Nr. 303, Nr. 317, Nr. 330

Cube
Dieses Rätsel bietet optische Abwechslung. Sie benötigen vor allem Konzentrationsfähigkeit. Wie viele Würfel werden insgesamt dargestellt?
Nr. 22, Nr. 47, Nr. 63, Nr. 87, Nr. 113, Nr. 131, Nr. 154

SO GEHT'S

Darträtsel

Wie wäre es, Darts einmal mit Wörtern zu spielen? Die Lösungen sind im nächsten Rätsel, beginnend bei den Zahlen, von außen nach innen in die Grafik einzutragen. Alle Wörter enden hierbei mit dem gleichen Buchstaben. Nr. 180, Nr. 195, Nr. 215, Nr. 224, Nr. 240, Nr. 263, Nr. 274, Nr. 294, Nr. 313

1. ein Weißwal
2. Hauptstadt von Kanada
3. muslimisches Volk im Sudan
4. schmerzhaftes Gliederreißen
5. Abitur der Schweiz
6. Anfälle von Atemnot
7. Einheitsmuster
8. Urkunde im Völkerrecht
9. Geliebte des Paris (griech. Sage)
10. „Italien" in der Landessprache
11. US-Bundesstaat
12. ein Kontinent

Drudel

Ein Drudel ist eine gezeichnete Scherzfrage. Was zeigen die jeweiligen Drudel? Um die Ecke denken ist erwünscht!
Nr. 3, Nr. 31, Nr. 109, Nr. 132, Nr. 156

Einer zu viel

Sie finden in jedem Feld zwei Buchstaben. Einer davon ist falsch und kann nicht für das Wort verwendet werden. Jetzt heißt es: Der richtige Buchstabe muss gefunden, der falsche gestrichen werden. Auf diese Weise ergibt sich ein sinnvolles Kreuzworträtsel.
Nr. 21, Nr. 43, Nr. 64, Nr. 81, Nr. 100, Nr. 134, Nr. 157

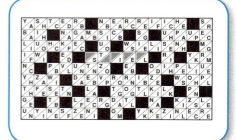

Endstück

Bei diesem Rätsel müssen vier Zahlen jeweils ein einziges Mal in jeder Spalte und jeder Zeile eingetragen werden. Die Zahlen am Rand geben dafür eine Hilfestellung. Steht die Zahl über einer Spalte bzw. links von einer Zeile, kann die Zahl entweder im ersten oder zweiten Kästchen eingetragen werden. Steht die Zahl unter einer Spalte bzw. rechts von einer Zeile, kann sie nur im vierten oder fünften Kästchen ihren Platz finden.
Nr. 212, Nr. 244, Nr. 282, Nr. 301, Nr. 321

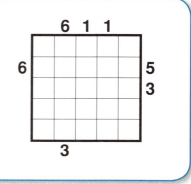

Rätselanleitungen

Ensaimada
Das Ensaimada ist ein rundes Sudoku. Die Regeln unterscheiden sich nicht von der klassischen Variante: Die Zahlen von 1 bis 9 dürfen in jedem Kreis und jedem Abschnitt nur ein Mal vorkommen.
Nr. 13, Nr. 34, Nr. 53, Nr. 80, Nr. 97, Nr. 116,
Nr. 139, Nr. 172, Nr. 191, Nr. 222, Nr. 242, Nr. 256,
Nr. 279, Nr. 306, Nr. 327, Nr. 361, Nr. 383, Nr. 417,
Nr. 455, Nr, 472, Nr. 492, Nr. 502

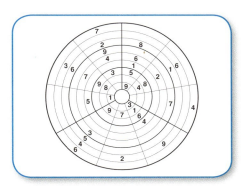

Fächerrätsel
Besonders schön anzusehen sind die Fächerrätsel. Hier müssen Sie die gesuchten Begriffe unter der entsprechenden Zahl von außen nach innen in die Grafik eintragen.
Nr. 19, Nr. 69, Nr. 99, Nr. 125, Nr. 141

Flickwerk
Bei diesem Rätsel müssen die Begriffe so in das Rätsel eingesetzt werden, dass sich ein berühmtes Zitat oder Sprichwort ergibt. Aber Achtung: Ein Zeilenende bedeutet hier nicht unbedingt, dass an dieser Stelle auch ein Wort zu Ende ist.
Nr. 362, Nr. 371, Nr. 384, Nr. 406, Nr. 416, Nr. 456,
Nr. 471, Nr. 493

Größer oder kleiner
In dieser Grafik müssen die Zahlen von 1 bis 6 untergebracht werden. Dabei ist darauf zu achten, dass keine falsche Aussage entsteht, die Relationen – größer (>), kleiner (<) und gleich (=) – müsssen also eingehalten werden.
Nr. 29, Nr. 68, Nr. 96, Nr. 130, Nr. 147

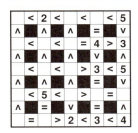

SO GEHT'S

Hitori

Eines der wenigen Japan-Rätsel, die wirklich aus Japan stammen, ist das Hitori. Ähnlich wie beim Sudoku müssen in jeder Spalte und Zeile die Zahlen von 1 bis 8 ein Mal vorkommen. Dazu sind einige Felder zu schwärzen, wobei sich diese Schwarzfelder weder waagerecht noch senkrecht berühren dürfen. Am Ende dürfen Bereiche mit Zahlen auch nicht vom Rest abgeschnitten sein.
Nr. 341, Nr. 387, Nr. 425, Nr. 460, Nr. 479

8	8	8	7	4	3	5	2
5	3	4	1	1	1	7	2
6	6	6	8	7	5	1	2
1	2	5	4	7	6	6	3
2	4	2	6	7	8	3	5
3	5	7	5	8	4	2	1
4	5	3	3	3	2	8	8
7	5	1	2	6	4	8	8

Kammrätsel

Die gesuchten Begriffe werden in die Zähne des Kammes eingesetzt. Dann ergibt sich das Lösungswort im Kammrücken.
Nr. 24, Nr. 36, Nr. 49, Nr. 77, Nr. 101, Nr. 133, Nr. 164

1. Süßwasserraubfisch,
2. Wolfsschar,
3. freier Überschlag,
4. ugs.: Sachen, Dinge,
5. Heiligenbild der Ostkirche

Kollapsrätsel

Zwei Grafiken befinden sich im sogenannten Kollapsrätsel. In der oberen Grafik, die eigentlich ein Kreuzworträtsel darstellt, sind alle schwarzen Felder entfernt worden. Dadurch sind alle Wörter nach unten gerutscht. Nun müssen in der unteren Grafik die schwarzen Felder wieder so platziert werden, dass sich ein passendes Rätsel ergibt.
Nr. 20, Nr. 105

Kreiskette

Bei der Kreiskette müssen Sie die umschriebenen Begriffe finden und – über der entsprechenden Zahl beginnend – im Uhrzeigersinn in die Grafik eintragen.
Nr. 52, Nr. 61, Nr. 76, Nr. 90, Nr. 103, Nr. 136

1. Biergrundstoff,
2. Klettertier auf Madagaskar,
3. menschlicher Laut,
4. Einsiedler,
5. analytischer Mensch, Grübler

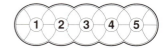

Rätselanleitungen

Labyrinth
Finden Sie den richtigen Weg ins Ziel.
Nr. 11, Nr. 37, Nr. 58, Nr. 82, Nr. 106, Nr. 140

Mamo
Legen Sie die Streichhölzer so um, dass eine neue geometrische Form entsteht.
Nr. 375, Nr. 412, Nr. 469, Nr. 476, Nr. 503

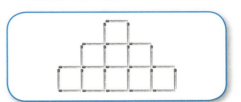

Missing Link
In diesem Rätsel fehlen einzelne Buchstaben. Setzen Sie die Buchstaben aus der Liste so ein, dass sinnvolle Wörter entstehen und das Kreuzworträtsel vervollständigt wird.
Nr. 14, Nr. 40, Nr. 70, Nr. 89, Nr. 117, Nr. 143, Nr. 159

Mittelwort
Es werden Wörter gesucht, die man sowohl den Begriffen in der linken als auch in der rechten Spalte anfügen kann, sodass aus diesen Kombinationen neue Begriffe entstehen. Die Anfangsbuchstaben der Mittelwörter ergeben die Schlusslösung.
Nr. 168, Nr. 199, Nr. 228, Nr. 269, Nr. 314

VIEL		ATHLET
OBST		MOND
KORALLEN		GRUPPE
FAST		CREME
NIEDRIG		LINSE
FEIER		STERN
DAUMEN		PROBE
OBER		WEISS

Nur Einer
In allen Kästchen befinden sich die gleichen Buchstaben jeweils neu verteilt. Nur in einem Kästchen ist ein Buchstabe nicht enthalten. Finden Sie den fehlenden Buchstaben.
Nr. 7, Nr. 26, Nr. 59, Nr. 91, Nr. 121, Nr. 150

SO GEHT'S

Rätselgleichung

Finden Sie die Begriffe hinter der Beschreibung und lösen Sie die Gleichung. Dabei werden die Buchstaben der einzelnen Begriffe voneinander abgezogen und die übrig bleibenden ergeben das Lösungswort.
Nr. 173, Nr. 214, Nr. 241, Nr. 280, Nr. 287

$(a - b) + (c - d) + (e - f) + (g - h) = x$

a = Glücksempfinden, b = Ansprache,
c = sportlicher Wettkämpfer, d = Schriftsetzerwerkzeug,
e = medizinisch-techn. Beruf, f = Lehre vom Licht,
g = Sumpffieber, h = Vorname der Schell,
x = die Schlusslösung

Rätselwurm

Kein wirkliches Kreuzworträtsel, aber doch mit den Kreuzworträtseln verwandt, ist der Rätselwurm. Tragen Sie die gesuchten Begriffe in diesem Rätsel nach rechts unten bzw. nach links unten in die Kästchen ein.
Nr. 346, Nr. 369, Nr. 399, Nr. 411, Nr. 426, Nr. 451, Nr. 494

Nach rechts unten: 1. besitzanzeigendes Fürwort, 2. Ackergrund, 3. Schlitten, 4. gepflegte Grünfläche, 5. Tuch herstellen, 6. Mönch mit Priesterweihen, 7. Kautschukmilch, 8. Kniff, Trick, 9. magische Silbe der Brahmanen
Nach links unten: 22. Abk.: Bund, 3. niederl. Name der Rur, 4. Schöpfer d. Plastik „Der Denker" †, 5. Beinmuskeln, 6. ugs.: eilen, rennen, 7. Klebemarke, 8. Fakten, 9. die Position ermitteln, 10. Ozean

Rebus

Erraten Sie hier aus den Bildern den gesuchten Begriff oder Satz. Hin und wieder müssen Buchstaben gestrichen oder ersetzt werden.
Nr. 175, Nr. 193, Nr. 225, Nr. 237, Nr. 251, Nr. 264, Nr. 275, Nr. 296, Nr. 305, Nr. 326

Rechenproblem

Tragen Sie die fehlenden Zahlen in die leeren Kästchen ein und sorgen Sie dafür, dass die Rechnungen auch stimmen.
Nr. 167, Nr. 187, Nr. 204, Nr. 213, Nr. 221, Nr. 234, Nr. 253, Nr. 268, Nr. 281, Nr. 291, Nr. 304, Nr. 322

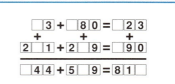

Rätselanleitungen

Rechenquadrat
In das Rechenquadrat müssen Zahlen zwischen 1 und 9 so eingesetzt werden, dass die Gleichungen stimmen. Hier wird übrigens grundsätzlich von links nach rechts bzw. von oben nach unten gerechnet. Die Regel „Punktrechnung vor Strichrechnung", wie Sie sie aus der Schule kennen, gilt also in diesem Quadrat nicht.
Nr. 181, Nr. 196, Nr. 236, Nr. 249, Nr. 261, Nr. 278, Nr. 295, Nr. 307, Nr. 318

Reduktion
Suchen Sie die fehlenden Vokale (a, e, i, o, u) der Buchstaben in den Kästchen, sodass ein sinnvoller Begriff entsteht. Die Lösung wird dann in die angegebenen leeren Kästchen geschrieben.
Nr. 347, Nr. 391, Nr. 430, Nr. 474

Rotationsrätsel
Beim Rotationsrätsel müssen aus Buchstaben sinnvolle Wörter erstellt werden. Hier sind jeweils vier Buchstaben in einem Kreis angeordnet. Durch geeignetes Drehen der Kreise erhält man in der oberen und unteren Zeile die Lösungswörter.
Nr. 27, Nr. 50, Nr. 60, Nr. 86, Nr. 92, Nr. 107, Nr. 149

Samurai
Beim Samurai handelt es sich um ein Sudoku, das aus fünf miteinander verbundenen Einzelsudokus besteht. Die Regel, wonach die Ziffern 1 bis 9 nur ein Mal in einer Spalte bzw. Zeile auftreten dürfen, erstreckt sich beim Samurai nur auf den jeweiligen Block.
Nr. 338, Nr. 364, Nr. 398, Nr. 443, Nr. 465, Nr. 497

SO GEHT'S

Schach
Lösen Sie mehr oder weniger komplizierte Schachprobleme. Je nachdem, wie schwierig die Angelegenheit werden soll, können Sie versuchen, die Probleme mit oder ohne die Hilfe eines Schachbretts zu lösen. Profis arbeiten natürlich ohne Brett und Figuren!
Nr. 351, Nr. 367, Nr. 404, Nr. 419, Nr. 445, Nr. 449, Nr. 470, Nr. 485, Nr. 504

Schüttelrätsel
Stellen Sie die Buchstaben der einzelnen Wörter so um, dass neue, sinnvolle Begriffe entstehen. Die Anfangsbuchstaben ergeben die Schlusslösung.
Nr. 344, Nr. 348, Nr. 360, Nr. 379, Nr. 381, Nr. 401, Nr. 431, Nr. 444, Nr. 483

Stark – Natur – Pesen –
Ruhen – Leiden –
Altai – Regie – Tuner –
Rennen – Stege

Schwedenrätsel
Der absolute Klassiker unter den Rätseln ist unbestritten das Kreuzworträtsel. Kannten unsere Väter und Großväter noch verhältnismäßig wenige Varianten dieses Rätsels, können Sie sich mittlerweile mit einer Vielzahl verschiedener Kreuzworträtselarten auseinandersetzen. Die Schwedenrätsel zählen hierbei zu den bekanntesten. Nr. 185, Nr. 219, Nr. 252, Nr. 288, Nr. 323

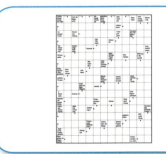

Selfmade-Salat
Eine ganz besondere Variante des Buchstabensalats ist der sogenannte Selfmade-Salat. Hier geht es nicht nur darum, einen Buchstabensalat nach bestimmten Wörtern zu durchforsten, bei diesem Rätsel müssen Sie den Salat „selbst anrichten". Als kleine Hilfe sind bereits einige Buchstaben vorgegeben. Diese Startbuchstaben sind jedoch nicht zufällig platziert, sondern werden mehrfach verwendet. Nr. 333, Nr. 356, Nr. 377, Nr. 392, Nr. 418, Nr. 453, Nr. 489

Rätselanleitungen

Silbenband

Bilden Sie aus den einzelnen Silben die Bedeutung der umschriebenen Begriffe. Dazu steht jeweils eine Silbe in einem Kästchen. Die nicht aufgeführten Mittelsilben ergeben das Lösungswort.
Nr. 9, Nr. 30, Nr. 72, Nr. 120, Nr. 155

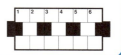

AR – DE – DE – DU – KA – KAS – MOND – NETT – OS – PE – TRANZ – WON

1. Bogen auf zwei Pfeilern,
2. stufenförmiger Wasserfall,
3. Regierungsmannschaft,
4. merkwürdig, verdächtig,
5. alter Name des Mai,
6. Aufdringlichkeit

Silbengewirr

Aus den folgenden Silben sind 20 Wörter mit den aufgeführten Bedeutungen zu bilden und anschließend an die passende Stelle im Rätselgitter zu setzen.
Nr. 342, Nr. 372, Nr. 382, Nr. 405, Nr. 433, Nr. 464, Nr. 481

Sumpf-, Ackervogel – ein Monatsname – still, ohne Geräusch – Zahl über dem Bruchstrich – Wissensdurst – ältestes historisches Volk – angerichtete Speisen – Angeh. einer christl. Sekte – höchster Berg im Harz – nachgebend, elastisch – große Gartenfrucht – Wortbedeutungsinhalt – entzückend, charmant – alter Handwerksberuf – Wundstarrkrampf – Frauenname – Nase der Elefanten – Erfolg beim Schießen – ein Singvogel – anmutig

AR – BAER – BAP – BE – BEL – BIEG – BIS – BITZ – BRO – BRU – BUE – CKEN – FE – FER – FETT – GER – GIER – GRIFF – KIE – KUER – LAUT – LER – LER – LIEB – LOS – ME – MUEL – NEU – NUS – REI – REI – RER – ROHR – RUES – SAEN – SAM – SEL – SU – TA – TE – TIST – TREF – ZAEH – ZEND – ZEND

Solingo

Solingo funktioniert fast wie ein Sudoku. Die Zahlen 1 bis 9 dürfen in jeder Spalte und Zeile nur einmal vorkommen. Die Zahl in den umrandeten Feldern ist das Rechenergebnis aller Zahlen aus dem umrandeten Feld, wobei das Zeichen nach der Zahl die Rechenoperation angibt – d.h. ein + bedeutet, dass alle Zahlen des Bereichs addiert wurden.
Nr. 354, Nr. 421, Nr. 452, Nr. 468

Spiegelrätsel

Tragen Sie in die Grafik vierbuchstabige Begriffe ein, die dann in der rechten Hälfte als Spiegelbild einen anderen Begriff bilden. Die eingerahmten Felder ergeben abschließend von oben nach unten gelesen das Lösungswort. Nr. 166, Nr. 189, Nr. 207, Nr. 231, Nr. 258, Nr. 309, Nr. 329

1 Täuschung, Einbildung – Sicherheitsriemen im Auto,
2 männliches Schwein – Weinstock,
3 Kinderfrau – Roman von Jane Austen,
4 Haarwuchs im Gesicht – Pferdegangart,
5 Insektenlarve – holländ. Käsestadt,
6 Aristokratie – Geliebte des Zeus

315

SO GEHT'S

Sprüche
In dieser Grafik verbirgt sich ein bekanntes Zitat. Um es zu finden, müssen sie nur die Bänder so verschieben, dass es auch lesbar wird.
Nr. 352, Nr. 376, Nr. 393, Nr. 427, Nr. 457, Nr. 478

1	2	3	4	5	6	7
GE	NI	EN	SU	RW	WE	DE
NN	DE	HN	OC	HD	ER	AC
ST	ER	ZW	EN	ZI	EN	AN
UT	IN	EI	EN	RP	GM	NE
GT	DI	RE	GE	ET	RE	TT

Streichholzrätsel
Legen Sie ein oder mehrere Streichhölzer so um, dass die Rechnung stimmt. Nr. 6, Nr. 51, Nr. 85, Nr. 108, Nr. 122, Nr. 192, Nr. 211, Nr. 284, Nr. 339, Nr. 365, Nr. 397, Nr. 466, Nr. 496

Sudoku
Das klassische Sudoku verfügt über neun Zeilen, neun Spalten und ist überdies noch in neun kleinere Felder unterteilt. Hier müssen nun die Zahlen zwischen 1 und 9 so verteilt werden, dass jede Ziffer in jeder Zeile, jeder Spalte und jedem dick umrandeten Feld nur ein Mal auftaucht. Nr. 45, Nr. 79, Nr. 111, Nr. 118, Nr. 129, Nr. 138, Nr. 153, Nr. 165, Nr. 183, Nr. 190, Nr. 206, Nr. 226, Nr. 239, Nr. 250, Nr. 260, Nr. 262, Nr. 270, Nr. 290, Nr. 297, Nr. 319, Nr. 332, Nr. 349, Nr. 355, Nr. 368, Nr. 378, Nr. 389, Nr. 402, Nr. 414, Nr. 437, Nr. 446, Nr. 467, Nr. 475, Nr. 488, Nr. 490, Nr. 498

5				4	9	7		
7			9	6	2	5		
9		2	3	5			6	
		7				6	1	
	9		7		1		5	
	2	5				3		
	5			1	8	7		6
		1	6	2	9			5
	8	6	5					9

Sudoku Cross
Eine andere Erweiterung des klassischen Sudoku stellt das Sudoku Cross dar. Zusätzlich zur Spalte, Zeile und dem umrandeten Block dürfen die Zahlen hier auch auf den Diagonalen nur ein Mal vertreten sein.
Nr. 5, Nr. 33, Nr. 55, Nr. 75, Nr. 112, Nr. 151

	3		4	7	2	1		
				1		7		
5	6			3	1			
			5		6			
	5	6	3					
			6				5	
4	1						2	

Rätselanleitungen

Sudoku Diff

Beim Sudoku Diff gelten dieselben Regeln wie beim klassischen Sudoku: Die Ziffern 1 bis 9 dürfen jeweils nur ein Mal in die Senkrechte, Waagerechte und den umrandeten 9er-Block eingetragen werden. Die Zeichen für größer (>) und kleiner (<) sind als Hilfe angegeben.
Nr. 17, Nr. 23, Nr. 44, Nr. 83, Nr. 110, Nr. 169, Nr. 202, Nr. 230, Nr. 259, Nr. 324, Nr. 373, Nr. 408, Nr. 434, Nr. 454, Nr. 480

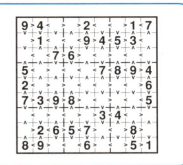

Sudoku Even

Sudoku Even ist eine neue Variante des klassischen Sudokus, bei denen auch die Ziffern 1 bis 9 nur jeweils ein Mal pro Spalte, pro Zeile und in jedem umrandeten Block eingetragen werden dürfen. Als zusätzliche Lösungshilfe stehen Felder zur Verfügung, die anzeigen, dass dort gerade Zahlen gesucht werden.
Nr. 12, Nr. 57, Nr. 88, Nr. 126, Nr. 162, Nr. 179, Nr. 210, Nr. 233, Nr. 272, Nr. 300, Nr. 341, Nr. 387, Nr. 425, Nr. 460

Sudoku Stern

Nicht nur Quadrate und Kreise lassen sich nach den Sudoku-Regeln mit Zahlen füllen. Es gibt noch weitere Formen, die das zulassen, wie zum Beispiel den Sudoku Stern. Hier dürfen die Ziffern 1 bis 9 jeweils nur ein Mal in den umrandeten Dreiecken und den langen Geraden bzw. Diagonalen vorkommen, wobei die kürzere Gerade zusätzlich noch das Feld in den Sternecken verwendet.
Nr. 15, Nr. 41, Nr. 66, Nr. 104, Nr. 115, Nr. 142, Nr. 161

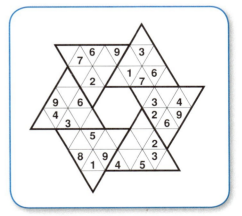

SO GEHT'S

Summen-Sudoku
Bei der folgenden Variante des Rätsels müssen Sie sich lediglich um die Zahlen von 1 bis 4 kümmern. Selbstverständlich dürfen gleiche Zahlen auch hier nur ein Mal pro Zeile oder Spalte vorkommen. Als Hilfe sind schon einige Zahlen in das Rätsel eingetragen. Sie geben die Summe der gesuchten Ziffern in den noch leeren Feldern an. Dabei werden alle horizontal, vertikal und diagonal anliegenden Felder berücksichtigt. Nr. 182, Nr. 197, Nr. 217, Nr. 248, Nr. 277, Nr. 308, Nr. 357, Nr. 396, Nr. 438

Symbolpfad
Um das Auffinden bestimmter Formen geht es auch bei unserem nächsten Rätseltyp. Hier muss der Weg von einem Stern zum nächsten gesucht werden. Dabei darf man nicht diagonal gehen. Damit die Aufgabe aber nicht zu einfach wird, gibt es eine wichtige Einschränkung: Das nächste Feld, das man betreten darf, muss entweder das gleiche Symbol oder die gleiche Zahl wie das Feld, auf dem man sich gerade befindet, aufweisen. Ein Labyrinth der besonderen Art. Nr. 2, Nr. 18, Nr. 42, Nr. 54, Nr. 74, Nr. 127, Nr. 144

Symbolrätsel
Ersetzen Sie hier die Symbole durch Zahlen (gleiche Symbole bedeuten natürlich auch gleiche Zahlen) und sorgen Sie dafür, dass die Rechnung stimmt! Nr. 336, Nr. 343, Nr. 359, Nr. 380, Nr. 395, Nr. 429, Nr. 432, Nr. 439, Nr. 447, Nr. 458, Nr. 463, Nr. 482, Nr. 486

Trenne mit drei Strichen
Setzen Sie drei Striche so, dass immer die Zusammengehörigen einer Gruppe eingegrenzt werden. Nr. 184, Nr. 201, Nr. 246, Nr. 271, Nr. 311

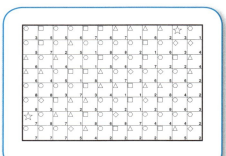
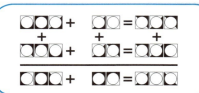

Rätselanleitungen

Tunnel
Einen Weg gilt es auch im sogenannten Tunnelrätsel zu finden. Hier muss der Eingang mit dem Tunnelende verbunden werden. Es gibt nur einen möglichen Weg, dies zu bewerkstelligen. Die Zahlen am Rand der Grafik geben an, wie viele Tunnelteile sich in der jeweiligen Zeile oder Spalte befinden.
Nr. 171, Nr. 188, Nr. 203, Nr. 216, Nr. 238, Nr. 257, Nr. 273, Nr. 289, Nr. 312, Nr. 328, Nr. 334, Nr. 370, Nr. 390, Nr. 410, Nr. 424, Nr. 441, Nr. 477, Nr. 501

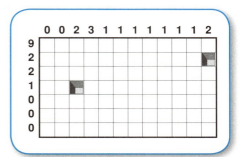

Vexierbild
Dieses Spiel gehört zu den ältesten, seit es Zeitungen und Zeitschriften gibt – und ist somit älter als das klassische Kreuzworträtsel. Der Erfolg der Vexierbilder beruht vermutlich darauf, dass diese Spiele ein netter Zeitvertreib sind, beim dem man sich weder wirklich anstrengen muss noch Wissen gefragt ist: Man malt einfach alle Felder aus, in denen sich ein Punkt befindet. Diese Felder ergeben dann ein vorher nicht ersichtliches Bild.
Nr. 8, Nr. 28, Nr. 56, Nr. 73, Nr. 98, Nr. 135, Nr. 158

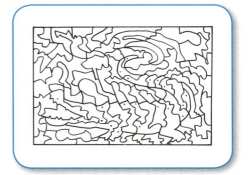

Zahlenpyramide
In einer Zahlenpyramide werden immer zwei nebeneinanderliegende Zahlen addiert und das Ergebnis in das Kästchen oberhalb der beiden Zahlen eingetragen. Zunächst muss man auf der untersten Stufe die Zahlen von 1 bis zur Anzahl der Kästchen eintragen. Dabei müssen Sie darauf achten, dass alle Additionen schließlich zu dem Ergebnis führen, welches in der Spitze der Pyramide schon eingetragen ist.
Nr. 10, Nr. 35, Nr. 102, Nr. 124, Nr. 146, Nr. 186, Nr. 229, Nr. 302, Nr. 315, Nr. 353, Nr. 415, Nr. 428, Nr. 448, Nr. 459, Nr. 487

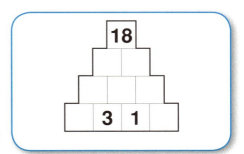

SO GEHT'S

Zahlenrad

Beim Zahlenrad handelt es sich in der Regel um ein ziemlich schwierig zu lösendes Rechenrätsel. Gesucht wird eine Zahl zwischen 1 und 9. Diese Zahl wird in der Rechnung, die im Rad oben steht, verwendet. Danach führt man alle weiteren Rechnungen aus (der Pfeil gibt dabei die Reihenfolge an, in die Sie die Rechnungen ausführen müssen) und muss schließlich auf das Ergebnis in der Mitte kommen.
Nr. 4, Nr. 25, Nr. 39, Nr. 78, Nr. 93, Nr. 119, Nr. 145, Nr. 176, Nr. 198, Nr. 220, Nr. 245, Nr. 254, Nr. 286, Nr. 316, Nr. 331, Nr. 335, Nr. 350, Nr. 394, Nr. 403, Nr. 420, Nr. 440, Nr. 462, Nr. 484, Nr. 499

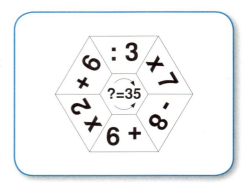

Zahlenschlange

Bei der Zahlenschlange müssen Sie sich einen Weg durch ein Zahlenlabyrinth von der linken oberen in die rechte untere Ecke suchen. Gestartet wird bei der 1. Die Zahl unten rechts gibt an, wie viele Felder man auf dem Weg betreten darf. Jede Zahl kann nur ein Mal betreten werden.
Nr. 345, Nr. 374, Nr. 388, Nr. 413, Nr. 436, Nr. 450, Nr. 473, Nr. 495

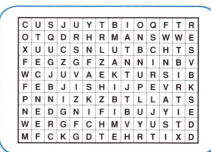

Zitatsuche

In diesem Rätsel wird ein Zitat gesucht. Um es zu finden, müssen Sie den richtigen Weg durch das Buchstabenlabyrinth ausfindig machen. Aber Vorsicht, es gibt nur eine einzige richtige Lösung!
Nr. 340, Nr. 363, Nr. 385, Nr. 400, Nr. 407, Nr. 423, Nr. 442, Nr. 491